La guerre civile numérique

Graphisme : Agnès Dahan

48, rue Vivienne
75002 Paris
www.editionstextuel.com
ISBN : 978-2-84597-420-3
ISSN : 1271-9900
Dépôt légal : mai 2011

conversations pour demain

textuel

La guerre civile numérique

Paul Jorion

Conversation avec
Régis Meyran

Bibliographie de l'auteur

- *Les Pêcheurs d'Houat*, Paris, Hermann, « Savoir », 1983.
- *La Transmission des savoirs* (avec Geneviève Delbos), Paris, Éditions de la MSH, « Ethnologie de la France », 1984, [2e éd. : 1991, 3e éd. : 2009].
- *Principes des systèmes intelligents*, Paris, Masson, « Sciences cognitives », 1990 [2e édition : Dunod, 1997].
- *Investing in a Post-Enron World*, New-York, McGraw-Hill, 2003.
- *Vers la crise du capitalisme américain ?*, Paris, La Découverte, 2007 [réédition : La Crise du capitalisme américain, Bellecombe-en-Bauges, Le Croquant, « Dynamiques socio-économiques », 2009].
- *L'Implosion. La finance contre l'économie. Ce que révèle et annonce la « crise des subprimes »*, Paris, Fayard, 2008.
- *La Crise. Des subprimes au séisme financier planétaire*, Paris, Fayard, 2008.
- *L'Argent, mode d'emploi,* Paris, Fayard, 2009.
- *Comment la vérité et la réalité furent inventées*, Paris, Gallimard, « Bibliothèque des sciences humaines », 2009.
- *Le Prix*, Bellecombe-en-Bauges, Éditions du Croquant, « Dynamiques socio-économiques », 2010.
- *Le Capitalisme à l'agonie*, Paris, Fayard, 2011.

Sommaire

91 Les blogs, entre subversion et information

Paul Jorion revient sur la fabrication de son blog, le plus lu en économie selon le classement Wikio. Il en profite pour pointer les possibilités critiques des blogs indépendants. La formule du blog permettrait à des auteurs ou des petites communautés (formant un « cerveau collectif ») de se situer à la pointe de l'information sur les sujets dont ils sont spécialistes. Ils pourraient ainsi proposer une forme de journalisme d'investigation que ne peut plus s'offrir la presse écrite.

Préface

Si un récent best-seller a diffusé le mot d'ordre « Indignez-vous ! », Paul Jorion semble quant à lui professer depuis des années : « Révoltez-vous ! », ce qui n'est pas du tout la même chose. Anthropologue formé à la théorie structuraliste du Français Claude Lévi-Strauss et à l'empirisme de l'Anglais Edmund Leach, au départ spécialiste des mécanismes de la pêche traditionnelle en Bretagne, Paul Jorion devint par un étonnant parcours de vie programmeur en intelligence artificielle puis fut recruté pour ses compétences informatiques dans le domaine bancaire. C'est ce qui l'amena à participer à l'évaluation des risques dans le secteur américain des *subprimes*. Il se trouva alors aux premières loges pour assister à la crise de l'immobilier, qui allait mener au grand krach financier de 2008. Convaincu de vivre l'Histoire avec un grand H, il crée dans l'urgence un blog et rédige des notes (qu'on pourrait qualifier de « notes de terrain » à la façon des anthropologues) quand il rentre chez lui après le travail. Il perdra peu après son emploi, comme tous ceux qui travaillaient dans ce secteur.
Mais de ce terrain naîtront un grand nombre de livres, consacrés à la crise

financière, à la logique de formation des prix ou encore au fonctionnement de l'argent dans le système bancaire. Dès lors, il atteint la notoriété : son blog est l'un des plus lus en sciences humaines, et on le voit régulièrement ferrailler à la radio ou la télévision contre divers apologistes du capitalisme.
Car du point de vue économique, Jorion est un hétérodoxe, il fait table rase de toute la théorie économique actuelle. Seul John Maynard Keynes trouve grâce à ses yeux, qu'il présente comme le dernier héritier d'une lignée critique, avant que l'économie ne s'engourdisse dans une justification jargonnante des mécanismes du capitalisme. Alors que, selon lui, le système serait aujourd'hui au bord de l'effondrement, ce qui serait perceptible dans l'apparition de crises de plus en plus proches et virulentes.
Spécialiste à la fois d'économie, d'intelligence artificielle et d'anthropologie sociale, Paul Jorion semblait donc la personne indiquée pour mener une réflexion sur les nouvelles formes de critique sociale et d'activisme politique qui se développent *via* Internet. Quels sont les objectifs des Anonymous, ces pirates informatiques qui se prétendent être des « mèmes » de Guy Fawkes, le héros de la BD anarchisante *V pour*

Vendetta ? En quoi Julian Assange, fondateur de WikiLeaks, représente-t-il une menace pour de nombreux gouvernements ? Les réseaux sociaux de type Twitter ou Facebook favorisent-ils l'apparition spontanée de révoltes populaires ? Comment les hackers contournent-ils les mécanismes de surveillance généralisée mis en place par les gouvernements ? Peut-on « éteindre » Internet pour empêcher une révolution ? Existe-t-il dans les populations des seuils psychologiques, qui une fois franchis rendent les événements futurs totalement indécidables ? Les blogueurs peuvent-ils concurrencer les journalistes ?
Autant de questions auxquelles, avec bien d'autres, Paul Jorion répond à sa façon, à la fois érudite et iconoclaste.

Régis Meyran

Les hackti
cyber-terr
ou disside
numériqu

Les hacktivistes : cyber-terroristes ou dissidents numériques ?

Pourquoi, selon vous, une guerre civile numérique et mondiale a-t-elle éclaté ?

Parce qu'après une multitude d'escarmouches au fil des années – sur certaines desquelles nous aurons à revenir – un événement majeur a eu lieu qui signalait le début d'une telle guerre. Cet événement c'est le refus de deux compagnies commerciales, PayPal et MasterCard, de relayer les dons faits par des particuliers au site sur la toile WikiLeaks pour le soutenir financièrement dans ce qu'on appelle en anglais du *crowdfundig* et qu'on pourrait traduire en français par « mécénat citoyen ». WikiLeaks s'était présenté à partir de 2006 comme un site où quiconque veut dénoncer un abus peut révéler l'information dont il dispose anonymement et dans un contexte de protection des sources, ce qu'on appelle en américain du *whistleblowing*, littéralement « action de souffler dans un sifflet ». WikiLeaks a reçu en particulier d'un militaire américain, Bradley Manning, 260 000 dépêches auxquelles celui-ci avait accès : des courriers échangés entre les ambassades américaines et le Département d'État, le ministère des Affaires étrangères américain. La raison de cette divulgation massive était son indignation devant les informations qui lui passaient entre les mains, relatives aux guerres menées par les États-Unis en Irak et en Afghanistan. Une accumulation toute militaire d'actes désinvoltes envers les populations civiles a fait bouillir les sangs de ce jeune homme qui, avant même de s'enrôler, était déjà à la fois un rebelle et un hacker, le terme qu'on utilise pour quelqu'un de bien versé dans la programmation et la compréhension des systèmes informatiques, et qui pénètre par effraction dans les bases de données qui constituent les coulisses des sites présents sur la toile. Les hackers sont souvent aussi des « hacktivistes », c'est-à-dire des personnes allergiques à toute manifestation de type « Big Brother », autrement dit à toute intrusion de l'État dans les affaires des citoyens ordinaires, et tout particulièrement par des moyens électroniques. « Hacktivisme » est un mot-valise composé de *hackism*, l'activité des hackers, et *activism*, le mot américain pour « militantisme ».

Pouvez-vous rappeler le contexte précis dans lequel ces informations ont filtré ?

C'est une bavure – ou du moins ce qui lui paraissait tel – qui a joué le rôle de déclencheur dans la décision de Manning de communiquer à WikiLeaks des informations auxquelles il avait accès : le massacre en Irak, le 12 juillet 2007, d'un groupe de neuf personnes, dont deux correspondants de guerre de l'agence de presse Reuters. Je rappelle brièvement ce qui s'était passé ce jour-là. Lors d'une bataille entre insurgés et troupes d'occupation, un premier hélicoptère américain avait abattu un groupe d'hommes engagés dans une conversation, dont les deux journalistes. L'un des deux n'était que blessé, et alors qu'il rampait pour se chercher un abri, une fourgonnette s'était arrêtée, dont le conducteur était sorti, qui s'était porté au secours du blessé. Un second hélicoptère était arrivé à ce moment-là, qui avait achevé le blessé et abattu l'homme qui cherchait à l'aider. Deux enfants, un petit garçon et une petite fille, se trouvaient dans la fourgonnette, qui furent tous deux blessés, le petit garçon grièvement.

Au moment où Julian Assange, le directeur et l'un des fondateurs de WikiLeaks, a reçu les vidéos qui avaient été enregistrées durant des opérations,

il a immédiatement pensé à en faire un exemple. Je reviendrai plus longuement sur Assange, qui est le personnage clé de cet entretien, et qui n'en était pas à la première escarmouche de la guerre d'usure qu'il mène contre le gouvernement américain.
Assange a repris les éléments les plus significatifs des événements et en a fait une vidéo qu'il a intitulée *Collateral Murder*, « meurtre collatéral ». Cela s'inscrivait bien dans la ligne des actions qu'il avait déjà entreprises grâce à des fuites en provenance de différents informateurs, comme dénoncer des meurtres politiques au Kenya, un trafic de déchets toxiques en Côte d'Ivoire, publier les manuels de lavage de cerveau de l'« Église » de Scientologie, révéler les procédures de la prison de Guantanamo, et en particulier le fait que l'existence de certains prisonniers a été cachée à la Croix-Rouge, ce qui constitue une infraction flagrante à la convention de Genève, etc.

Mais, comme dans tout contexte de guerre, n'est-il pas difficile d'évaluer moralement cette « bavure » militaire ?

Au moment des faits, l'agence Reuters avait mis en demeure le gouvernement américain de mener une enquête. Le Pentagone avait réagi très mollement. Il était bien sûr très regrettable que des journalistes appartenant à une agence de presse britannique soient abattus, disait-on, mais le message envoyé était clair : « Ils n'avaient rien à faire à discuter avec des insurgés dans une zone de combat. Cela servira de leçon à ceux qui auraient envie d'en faire autant. » Le fait est que la situation sur le terrain ce jour-là était plus compliquée que la vidéo diffusée par WikiLeaks ne le laissait supposer.
On peut bien sûr considérer que des troupes américaines n'avaient rien à faire en Irak, ni ce jour-

là ni aucun autre – ce qui est d'ailleurs mon point de vue personnel. Mais une fois admis qu'il s'agissait ce matin-là d'une bataille en cours, les choses doivent bien évidemment être évaluées dans ce contexte. Dans un entretien à propos de la vidéo, Assange avait reconnu qu'un des hommes avec qui les journalistes bavardaient portait un lance-roquette et un autre, un fusil d'assaut AK-47, mais il avait ajouté : « Je ne sais pas si cela a une signification particulière. » Or, ce fait est bien entendu pertinent dans la décision d'exécuter les membres du groupe à l'aide d'un canon de 30 mm. Le fait est qu'une bataille était en cours et que les journalistes de Reuters bavardaient avec des hommes armés qui étaient des participants actifs à cette bataille. Le statut des journalistes dans ce contexte était pour le moins ambigu, et du coup, c'était le second épisode qui devenait le point focal de la bavure : l'homme qui intervient pour venir en aide au journaliste toujours en vie, qui se fait abattre tout comme lui, et dont les deux enfants sont blessés.

Quelle est la portée subversive de cette vidéo ?

Ce que la vidéo mettait en évidence, aussi bien celle qui avait été montée par WikiLeaks que le document brut, c'était la brutalité bureaucratique des équipages d'hélicoptères et de leurs supérieurs avec qui ils sont en communication radio pour leur réclamer le droit de tirer. Le tout s'étant d'ailleurs déroulé dans les règles. L'un des membres de l'équipage des hélicoptères avait commenté : « On n'emmène pas des gosses sur un champ de bataille ! » Comme s'il s'agissait d'un champ de bataille en rase campagne et pas d'un quartier d'une ville ordinaire avec ses habitants !

Un des fantassins qui avait participé à la bataille s'est érigé en témoin par la suite et il a longuement commenté à l'intention des journalistes ce qui s'était passé ce jour-là. Ce qu'il disait, c'est essentiellement : « On se trompe de cible quand on parle des équipages des hélicoptères. Ce dont il faut parler, c'est l'ensemble du système qui fait de ces hommes ce qu'ils sont. Il faut que nos dirigeants repensent un système qui produit le cynisme qu'on voit à l'œuvre dans la vidéo. » Et cela, bien sûr, c'est la guerre, et l'absence de justification de cette guerre-là en particulier, à moins que le libre accès des pays bâfreurs de pétrole à l'or noir, partout où on le trouve dans le monde, ne soit considéré comme une justification en soi. Sinon, au milieu de la tragédie, les hommes et les femmes se retrouvent face à ce qu'ils sont en tant que personnes, et pour l'un, c'est d'être une ordure et pour l'autre, d'être un héros. Et à ce propos, il s'est trouvé qu'un ou plusieurs des fantassins américains se sont rendus un peu plus tard sur la scène du massacre pour emmener les enfants blessés à l'hôpital de campagne américain, enfreignant le règlement qui exigeait qu'ils soient purement et simplement livrés à la police irakienne, et on peut imaginer – parce qu'il s'agit de représentants de la même espèce que nous tous – la scène opposant les partisans sans concession du règlement à ceux qui disaient : « Les conneries, pour aujourd'hui, ça suffit ! »

Revenons à la diffusion de cette vidéo : quelles ont été les conséquences pour l'informateur et pour WikiLeaks ?

Les bavures, c'est toujours mauvais pour l'image et il vaut mieux donc leur faire un minimum de publicité : cela fait partie du « dommage collatéral », l'expression à laquelle WikiLeaks faisait allusion dans le titre de sa vidéo relative à la bavure : des accidents inévitables mais qu'il faut taire autant que possible. Puisqu'après tout, c'est nous les bons et les autres sont manifestement les méchants. Alors, à la guerre comme à la guerre ! Manning, de ce point de vue-là, qui avait transmis cette information – et bien d'autres encore –, était le porteur de mauvaises nouvelles. Et le porteur de mauvaises nouvelles, c'est bien connu, on s'en débarrasse : il est broyé par la machine, c'est la loi du genre.

Manning a été inculpé de vingt-deux chefs d'accusation, dont « collusion avec l'ennemi » et il est détenu dans des conditions qui s'assimilent – ou en tout cas ont été assimilées – à de la torture. Malheureusement, du point de vue de cette *Realpolitik*, nous sommes toujours en démocratie et l'avocat de Manning a créé son blog où il dénonce les conditions de la détention du soldat « souffleur de sifflet ». Philip Crowley, qui était le porte-parole du Département d'État, a déclaré que le traitement auquel est soumis Manning est « ridicule, contre-productif et stupide ». La réaction en haut lieu n'a pas tardé puisqu'il annonçait quelques jours plus tard : « Étant donné l'impact de mes remarques, dont j'assume l'entière responsabilité, j'ai présenté ma démission de porte-parole du Département d'État. » La décence existe encore, en quelques lieux isolés.

Manning a donc communiqué 260 000 dépêches diplomatiques à WikiLeaks qui a entrepris de les publier. Sur quoi, Assange s'est immédiatement retrouvé poursuivi par la justice suédoise, accusé de crimes consistant à avoir fait l'amour à une femme sans son consentement parce qu'elle était endormie, alors qu'ils étaient déjà amants, et à une autre, au départ consentante, en prétendant qu'il utiliserait un préservatif et en ne le faisant pas. La question alors n'est pas de savoir si Assange a véritablement fait ce qu'on lui reproche mais est plutôt que ces crimes semblent fort liés à des particularités du droit suédois, qui est très spécial sous ce rapport. On comprend qu'il s'agit d'une extension de la répression du viol, mais qui introduit des considérations qui ne seraient pas recevables certainement dans la majorité des pays comme le témoignage d'une personne endormie – sans pour autant avoir été droguée. Disons que le type de pratique incriminé est considéré dans la quasi-totalité des autres pays, comme une affaire privée entre partenaires amoureux. L'inculpation d'Assange suivant de près la publication des dépêches du Département d'État apparaît donc à tout le moins comme une extraordinaire coïncidence. Quand *Le Canard enchaîné* écrit : « Cette affaire ressemble fort à un coup tordu des services, à l'ancienne », il ne fait que refléter le sentiment général.

Assange serait donc victime d'une cabale ?

Effectivement, de là à penser qu'il s'agit simplement de broyer Assange puisqu'on a commencé de broyer Manning, il n'y a qu'un pas... Cette interprétation est d'autant plus plausible que les autorités américaines ont immédiatement réagi de manière hystérique à la publication des dépêches, le vice-président Joseph Biden parlant d'Assange comme « plus proche d'un terroriste haute technologie que de l'homme des *Pentagon Papers* », une allusion à Daniel Ellsberg, un analyste militaire à la RAND Corporation, un *think tank* étroitement lié au gouvernement américain, qui, à l'époque de la guerre du Vietnam, avait révélé quantité de documents qui mettaient en évidence la nature de « guerre sale » du conflit, et en particulier les mensonges des représentants du gouvernement aux questions que posaient les membres du Congrès sur le déroulement des opérations. Ellsberg avait été à l'origine d'une cascade d'événements qui avaient débouché sur la chute de Nixon, le premier exploit des plombiers du Watergate ayant été l'effraction du bureau d'un psychiatre dans la recherche infructueuse de son dossier. À l'occasion d'un entretien, Ellsberg a mentionné le parallèle qui lui semble évident entre Manning et lui, et a attiré l'attention sur les risques que courent Manning et Assange d'être un jour « neutralisés », comme on avait cherché à le faire avec lui, une équipe de douze exilés cubains ayant apparemment été recrutés à une époque pour le mettre – affirme-t-il sans plus de précisions – « hors d'état de nuire ». Ellsberg avait ajouté qu'Assange et Manning étaient « deux de ses nouveaux héros ».

En matière d'hystérie, Biden était en bonne compagnie : Newt Gingrich, qui a été chef de file de la majorité républicaine au Congrès et flirte avec les valeurs de l'extrême-droite depuis de nombreuses années, a dit d'Assange qu'il est engagé dans le terrorisme et qu'« il doit être traité comme un "combattant ennemi" ». Il nommait là la catégorie que certains juristes ont inventée pour désigner les prisonniers que les États-Unis entendent détenir pour une durée indéterminée sans qu'il soit nécessaire de les faire passer en jugement. Différentes fuites indiquent que les Américains cherchent à inculper Assange d'espionnage, et des informations dignes de foi suggèrent que la justice a déjà mis en place secrètement un « grand jury », le type de jury qui joue aux États-Unis le même rôle que le juge d'instruction en France, à savoir déterminer s'il existe des éléments suffisants pour justifier une inculpation.

D'une manière générale, comme vous le savez, l'administration Obama s'était affirmée pleine de bonnes intentions : elle allait fermer la prison de Guantanamo qui bafoue les principes les plus élémentaires du droit – au lieu de cela Obama a au contraire autorisé que des prisonniers y soient détenus indéfiniment sans jugement –, elle allait aussi rendre justice aux *whistleblowers*, ces hommes et ces femmes courageux qui dénoncent des pratiques malhonnêtes et qui sont généralement en butte à des représailles. Seulement voilà, comme la bavure des correspondants de guerre de l'agence Reuters en offre un merveilleux exemple, les souffleurs de sifflet ne sont des gens admirables, victimes de leur dévouement à la communauté, que quand ce sont les turpitudes des autres qu'ils dénoncent, pas quand ce sont les vôtres : dans ce cas-là, il s'agit d'une vermine qu'il faut écraser à coups de talon.

Peut-on comparer les hackers qui interviennent contre une entreprise ou un site gouvernemental aux anarchistes de la fin du XIXe siècle ?

C'est le cas certainement de ceux qui affirment appartenir au courant « hacktiviste » proprement dit, que j'ai déjà mentionné incidemment, et qui se revendiquent eux explicitement de l'anarchisme. Mais vous savez, on vit dans un drôle de monde et à une drôle d'époque.

Le soldat Manning a été révolté par la bavure du 12 juillet 2007 à Bagdad. Il attend – dans des conditions de détention brutales – d'être jugé par une cour martiale. Assange a lui aussi été révolté par cette bavure. Il en a fait circuler au nom de WikiLeaks une vidéo, et a rendu publique une partie des 260 000 dépêches diplomatiques transmises par Manning, en particulier celle où la secrétaire d'État Hillary Clinton enjoint aux diplomates américains de se consacrer, comme faisant désormais également partie de leur mission, à l'espionnage. Un conglomérat composé d'agences de l'administration américaine, d'entreprises privées, d'un cabinet d'avocats et de firmes privées spécialisées dans le renseignement, mais aussi dans la désinformation et la destruction de réputations, s'est ligué pour détruire WikiLeaks.

Pendant ce temps-là, le pasteur Terry Jones, révolté par le fait qu'il existe une religion appelée l'islam, a solennellement brûlé un coran le 20 mars 2011. Le 1er avril suivant, à Mazar-I-Sharif, en Afghanistan, une foule en colère à la suite de cet acte a tué sept membres du personnel de la représentation des Nations unies : quatre Népalais, un Suédois, un Roumain et une Norvégienne. Il n'est pas question bien entendu d'inquiéter le pasteur Terry Jones, qui peut vaquer à ses occupations comme il l'entend, et brûler encore autant de corans qu'il lui semblera bon. Nous sommes en démocratie, comprenez-vous, et il ne fait qu'exercer son droit à la liberté de parole.

Vous ne pensez pas que beaucoup de gens deviendraient anarchistes pour beaucoup moins que ça ?

Il avait été question d'intituler cette conversation « L'Insurrection numérique », vous avez préféré « guerre civile », pourquoi ?

J'avais proposé « La Guerre civile techno », qui est le titre du premier billet que j'ai écrit à ce sujet sur mon blog. Mais il paraît que « techno », maintenant, cela évoque uniquement de la musique ! Une expression qui circule en anglais, c'est *infowar* : la guerre de l'information.

« Insurrection » selon moi est inapproprié, parce qu'une insurrection a son origine à la base : ce sont les opprimés qui lancent une insurrection. Or, comme je l'ai dit, ce sont des firmes privées qui ont pris l'initiative de lancer la guerre : l'initiative ne vient pas du tout de la base mais du sommet, suivie alors de représailles, et en général, d'une escalade. Il y a un parallèle auquel on peut immédiatement penser, c'est la fameuse déclaration de Warren Buffett, le milliardaire d'Omaha dans le Nebraska : « Bien sûr que la lutte des classes existe, seulement c'est ma classe, celle des riches, qui la mène, et le fait est que nous sommes en train de la gagner. » On peut lire là des propos cyniques, mais ce n'est pas de cela qu'il s'agit : Warren Buffett trahit la classe à laquelle il appartient en vendant la mèche. De la même manière, on pourrait faire dire à PayPal et à MasterCard : « Bien sûr qu'il y a une guerre civile numérique, mais c'est nous qui la menons, et nous entendons bien la gagner ! » Et le fait est, si l'on veut, qu'ils ne sont pas les pires. Il y a eu un autre incident, et quand je l'aurai raconté vous serez convaincu qu'il s'agit bien d'une guerre civile et que la déclaration de guerre ne vient pas de la base, mais d'en haut. C'est une histoire de « tel est pris qui croyait prendre », ou d'arroseur arrosé, si vous voulez, et ces histoires-là sont toujours très amusantes.

En décembre 2010, les entreprises PayPal et MasterCard ont cessé de transmettre les dons des internautes faits à WikiLeaks, parce que selon elles le site se livrait, je cite, « à des activités illégales ». Visa embraya rapidement, et Amazon, dont les

« Deux parties de la population sont en train de se dresser l'une contre l'autre par des moyens inédits » serveurs accueillaient le site WikiLeaks, interrompit le service. PayPal et MasterCard se livraient là à ce qu'on nomme en droit un « refus de vente », soit une pratique théoriquement interdite. Une telle réaction, apparemment excessive, ressemblait fort à une déclaration de guerre. Chacun se doutait bien que ces agissements résultaient de pressions que le gouvernement américain exerçait sur les firmes en question. Or, en guise de représailles, des cyber-vengeurs masqués, les « Anonymes » (Anonymous) attaquèrent les sites Internet de ces firmes de paiement, rendant inopérants leurs services en ligne. De telles attaques sont appelées « attaques de déni de service ». Pourquoi ? Parce qu'elles visent à saturer de requêtes le site visé, qui tentera de protéger son intégrité en refusant de répondre à des sollicitations trop nombreuses et deviendra donc inaccessible aux internautes. Le déni de service est une arme que certains sur le front de la guerre civile numérique récusent, considérant qu'elle est inopérante parce qu'elle conduit à des représailles et des contre-représailles qui épuisent rapidement les ressources des adversaires en présence. John Perry Barlow, un des fondateurs de l'Electronic Frontier Foundation, qui est un peu l'équivalent d'un syndicat des usagers du numérique, compare les attaques de déni de service à l'utilisation des gaz pendant la Première Guerre mondiale, où un changement inopiné dans la direction des vents répandait la terreur dans le camp de celui qui avait pourtant pris l'initiative de l'attaque.

Est-ce l'anonymat de ces hackers qui inquiète les gouvernements ?

Le fait qu'Internet offre un relatif anonymat a toujours été considéré comme un danger par les autorités. Je dis « relatif » parce qu'à moins que l'utilisateur ne prenne des précautions très particulières, comme passer par des réseaux qui sont configurés de manière à cacher l'identité de l'émetteur, en découplant le message de toute identification de celui-ci, comme Freenet et, dans une moindre mesure, Tor, l'identité de l'ordinateur utilisé pour transmettre de l'information, son adresse IP, est aisément connaissable, étant transmise avec toute requête. On a considéré jusqu'à récemment que l'utilisation de pseudonymes pour la communication sur Internet était admissible et faisait même partie de sa tradition depuis le début, tradition héritée des radioamateurs d'autrefois dont l'identité était leur « indicatif » fait de chiffres et de lettres, et qui furent aussi bien souvent les premiers usagers privés de l'ordinateur personnel. Une passe d'armes a récemment opposé à ce sujet deux (très jeunes) vétérans d'Internet, Christopher Poole, de l'*imageboard* 4chan, et Mark Zuckerberg, créateur de Facebook, Poole étant partisan de l'anonymat et Zuckerberg de l'identité réelle. L'utilisation des réseaux sociaux comme Facebook par les autorités à des fins de surveillance de la population (il y a récemment eu aux États-Unis un appel d'offres dans ce sens), ainsi que dans des buts de propagande et de désinformation délibérée, jette toutefois la suspicion sur les motivations réelles de Zuckerberg. Les États avancent qu'ils sont essentiellement préoccupés par le recours à l'anonymat quand il est utilisé pour cacher des buts criminels ou terroristes, ou à des fins d'évasion fiscale. Des banques parfaitement anonymes ont existé sur Internet qui échappaient ainsi à la taxation : la Yodel Bank, par exemple, qui fut active entre 2003 et 2005.

Donc, selon vous, les hackers d'Anonymous sont eux aussi engagés dans la guerre civile numérique ?

En effet, l'action des Anonymous constituait des représailles non seulement contre le refus de vente par PayPal, MasterCard et Visa mais aussi contre des attaques de déni de service dont WikiLeaks faisait déjà lui-même l'objet depuis la divulgation des dépêches diplomatiques américaines. Des bénévoles vinrent au secours de WikiLeaks : ils rendirent son site inattaquable, en le dupliquant, en fabriquant des « sites-miroirs », c'est-à-dire des copies de sa base de données et de son interface toile sur une multitude de serveurs. Il aurait fallu alors une action concertée de l'ensemble des gouvernements des pays sur le territoire desquels ces serveurs se trouvent pour rendre WikiLeaks inaccessible.

« Sites-miroirs » contre « déni de service » : il était devenu clair qu'une guerre civile numérique mondiale avait éclaté, et j'ai consacré un billet sur mon blog au refus de vente par MasterCard et PayPal, aussitôt qu'il fut annoncé. Il s'agissait du premier événement majeur dans une guerre d'escarmouches dont le premier épisode n'était pas récent puisqu'il datait de 1994 : c'était une réaction spontanée à la tentative par le gouvernement de John Major en Grande-Bretagne d'interdire les *rave parties* ; j'y reviendrai brièvement.

Dans de nombreux pays, principalement les pays occidentaux industrialisés qui connaissent la paix depuis des décennies – du moins en métropole –, deux parties de la population sont donc en train de se dresser l'une contre l'autre par des moyens inédits : des moyens numériques. Une approximation historique place d'un côté les autorités étatiques, de l'autre, des anarchistes, tels les hacktivistes d'Anonymous.

Existe-t-il une idéologie qui anime ces hackers ?

Wikipedia dit que les hacktivistes recourent à « l'action directe numérique en vue du changement social, en combinant leurs talents de programmeurs avec la pensée critique », une référence directe au freudo-marxisme de Herbert Marcuse et à l'École de Francfort en général.

Les manœuvres dont je viens de parler, liées à des tentatives de réduire WikiLeaks au silence, avaient lieu dans un certain secret, l'identité des uns et des autres n'apparaissant pas en surface. La chose est plus particulièrement vraie pour ce qui touche aux Anonymous qui constituent une fédération lâche et plus ou moins spontanée d'individus qui se connaissent essentiellement parce qu'ils se rencontrent sur les forums d'*imageboards* comme 4chan, des sites consacrés à la mise en commun anonyme d'images, souvent empruntées à l'univers des mangas, les bandes dessinées japonaises, ou bien sur Encyclopædia Dramatica où se préparent des canulars plus ou moins drôles ou cruels, dans la tradition de l'entartage, des farces dadaïstes ou des détournements situationnistes. Innocentes en temps de paix, ces plaisanteries peuvent être utilisées également en temps de guerre numérique pour ridiculiser et humilier l'adversaire, comme dans l'anecdote que je vais raconter dans un instant.

Une des forces d'Anonymous est bien sûr l'absence quasi totale d'organisation parmi ses membres qui ne se connaissent pas, ou à peine, entre eux. Ce qui fait la robustesse des communautés organisées en « cellules » en temps de guerre est donc une condition automatiquement remplie dans le cas d'actions comme celles qu'entreprend Anonymous. Quand certains de ses représentants manifestèrent de manière classique, « sur le terrain », dans le cadre de l'action « Project Chanology », un boycott de l'« Église » de Scientologie en 2008, les manifestants portaient tous un masque de Guy Fawkes, tout comme le héros anarchiste de la bande dessinée et du film *V pour Vendetta*. Le Guy ou Guido Fawkes historique était le chef catholique de la Conspiration des poudres, qui tenta de faire sauter le parlement à Londres en 1605.

Il faut mentionner à ce propos le rôle de « charte » que jouent dans la communauté hacktiviste deux films, le premier : *Fight Club*, de David Fincher, sorti en salle en 1999 et tiré d'un roman de Chuck Palahniuk publié en 1996, le second, ce *V pour Vendetta* de James McTeigue sorti en salle en 2006, que je viens de mentionner, tiré lui d'une bande dessinée d'Alan Moore et David Lloyd, datant de la période 1989-1990.

Le thème de *Fight Club*, c'est celui de jeunes hommes écœurés par le fait d'être nés dans un monde où l'instinct du chasseur ne trouve plus d'espace pour s'exercer. Tyler Durden, l'alter ego du narrateur, déclare à propos de ce monde : « Pour la plupart des choses, on n'est plus vraiment nécessaires. C'est déjà construit, il suffit maintenant de le faire tourner. » Le consumérisme, symbolisé par la carte de crédit *revolving* utilisée aux États-Unis, devient la cible de leur croisade : « Nous avons été conçus pour être des chasseurs et nous vivons dans une société de lèche-vitrine. Il ne reste plus rien à tuer, plus rien à combattre, plus rien à vaincre, plus rien à explorer », affirme encore le personnage de Tyler Durden. L'apothéose finale, c'est la destruction simultanée des grandes banques, enregistreuses des opérations sur cartes de crédit, dont on voit les bâtiments s'effondrer l'un après l'autre dans un grand feu d'artifice. Les thèmes évoqués s'apparentent à ceux du situationnisme, ceux développés en particulier par Guy Debord dans *La Société du spectacle* (1967). Il faut relever aussi que le principal blogueur du site toile Zero Hedge aux États-Unis, un des plus actifs dans le domaine financier, a pris pour pseudo « Tyler Durden », le personnage charismatique incarné à l'écran par Brad Pitt, dans un de ses rôles les plus inquiétants (on n'oublie pas bien entendu son interprétation d'un fou dans *L'Armée des douze singes* de Terry Gilliam, en 1995).

V pour Vendetta est l'histoire d'un homme qui fut autrefois broyé par la raison d'État, victime d'expérimentations dans un camp de concentration, et qui, caché derrière un masque de Guy Fawkes, mène un combat solitaire pour détruire cet État. Dans ce cas aussi, l'histoire se termine par une destruction du léviathan, symbolisé ici par les fameuses Houses of Parliament couronnées par Big Ben, au bord de la Tamise à Londres, destruction à laquelle assiste une foule innombrable ayant adopté comme uniforme le même déguisement que V, mort peu de temps auparavant à la suite d'une fusillade.

Face aux hacktivistes, on trouve des représentants de l'État : quel type d'action mènent-ils dans cette guerre ?

Glenn Greenwald, un blogueur sur le site Salon.com, a attiré l'attention sur la différence de traitement accordé aux hacktivistes d'Anonymous qui furent immédiatement poursuivis, et certains arrêtés, quand des représailles furent lancées contre PayPal, MasterCard et Visa, et l'absence totale de poursuites, voire même d'enquête quand le site WikiLeaks subit lui des attaques de déni de service. Je traduis ce qu'il écrivait le 11 février 2011 :

« Quand les Anonymous furent la cause de quelques interruptions numériques mineures sur les sites PayPal, MasterCard et Amazon, le département de la Justice jura avec un admirable panache qu'il arrêterait les coupables, et quelques individus furent effectivement arrêtés à la suite des attaques. Quelques semaines auparavant cependant, une attaque numérique bien plus sérieuse avait été lancée contre WikiLeaks, rendant leur site inaccessible. Ces attaques-là étaient sophistiquées et dangereuses. Quel qu'en fût l'auteur, il appartenait soit à une agence gouvernementale, soit à une entité privée dotée de moyens substantiels agissant en son nom. Pourtant, le département de la Justice n'annonça aucune enquête relative à ces attaques, ni ne jura qu'il appréhenderait les coupables, et on serait d'ailleurs très surpris qu'il le fasse. Pourquoi ? Parce que les crimes qui s'inscrivent dans la ligne du gouvernement et visent ses opposants sont non seulement permis mais même encouragés. Les attaques cybernétiques ne sont des "crimes" que quand elles sont le fait de personnes qui ont l'heur de déplaire au gouvernement, mais elles sont parfaitement admissibles quand c'est le gouvernement lui-même qui les lance ou ceux dont les objectifs coïncident avec les siens. Quiconque lança ces attaques numériques contre WikiLeaks (qu'il s'agisse du gouvernement lui-même ou d'agents privés) ne dispose pas davantage du droit légal de le faire qu'Anonymous, mais seuls ces derniers seront poursuivis. »

Dans des cas comme ceux-ci, les États ont cessé de jouer un rôle d'arbitre : ils se rangent résolument du côté des entreprises qui lancent ces actions – comme PayPal, MasterCard et Visa – pour autant qu'ils ne soient pas eux-mêmes les agents de subversion et que ces entreprises ne travaillent en réalité pour eux.

Existe-t-il des personnalités qui soutiennent les Anonymous ?

Comme on le verra, Greenwald, que je viens de citer, n'est ni isolé, ni désarmé. J'ai déjà mentionné le nom de John Perry Barlow, l'un des fondateurs en 1990, aux côtés de Mitch Kapor et de John Gilmore, de l'Electronic Frontier Foundation qui défend les droits des utilisateurs du numérique. C'est l'homme qui a dit un jour : « Internet interprète la censure comme une avarie et la contourne. » Il s'adressa aux Anonymous au moment de leurs représailles contre les firmes qui cessèrent de transférer les fonds vers WikiLeaks, sur un ton très martial. Il écrivit dans un message Twitter : « La première grande guerre numérique (*infowar*) est désormais engagée. Le champ de bataille, c'est WikiLeaks. Les troupes, c'est vous. » Mitch Kapor avait lancé en 1983 le tableur Lotus avec Jonathan Sachs, celui qui l'avait développé. J'ai eu l'occasion de le rencontrer en 1987, je raconte cet épisode comique dans un livre à paraître[1]. John Gilmore avait été le cinquième employé de Sun Microsystems, la firme qui a mis au point le système d'exploitation Solaris ainsi que le langage de programmation Java. Les fonds qui permirent de créer l'EFF furent apportés par Kapor, Steve Wozniak, le fondateur d'Apple Computer avec Steve Jobs, et un troisième donateur anonyme.

Trouve-t-on des ennemis déclarés des Anonymous ?

Un personnage s'est montré tout particulièrement zélé dans la chasse à l'Anonymous : un certain Aaron Barr, P-DG de la firme de renseignement

HBGary Federal, filiale d'une autre firme appelée HBGary Inc. Barr avait mis au point, disait-il, une technique qui lui permettrait de découvrir l'identité des fameux Anonymous. Il pratiquait en fait une forme d'abus de confiance qu'on appelle dans la communauté du renseignement le *social engineering*, l'« ingénierie sociale », fondée sur le principe : « prêcher le faux pour savoir le vrai ». Pour se renseigner sur quelqu'un, il utilisait essentiellement les réseaux sociaux, découvrant par exemple le nom d'un ancien camarade d'école de la personne ciblée, et se faisant passer pour lui ou pour elle, afin de poser des questions orientées sans que la cible ne se méfie. Les réseaux Facebook, LinkedIn et Twitter permettaient ainsi de découvrir les liens entre connaissances ainsi que la fréquence de leurs interactions.

Barr s'était convaincu qu'Anonymous n'était pas acéphale comme on l'imagine, mais hiérarchisé, composé de 20 à 40 personnes, les autres n'étant que des « trolls », le nom que l'on donne sur Internet aux intervenants qui irritent les autres par leur obstruction systématique ou plus banalement en raison de leur ignorance des sujets débattus qui les condamne à devoir s'en tenir à des propos du niveau café du commerce. Barr pensait avoir découvert l'identité des dirigeants d'Anonymous et se proposait de vendre les noms à quiconque voudrait savoir qui ils sont. Tout en restant très vague, il fit savoir publiquement qu'il était prêt à révéler les noms et fut agréablement surpris d'être rapidement contacté par l'armée et par le FBI.

La presse s'intéressait aux allégations de Barr : le 4 février 2011, le *Financial Times* lui consacrait un article et ses propos entreront dans l'histoire comme le cas le plus lamentable d'homme qui a « vendu la peau de l'ours avant de l'avoir tué » : se vantant d'arrestations imminentes, parlant de hackers aux abois, qui abandonneraient bientôt leur superbe, se montrant même paternaliste envers la police qui « rencontrerait des obstacles si elle recourait à certaines des méthodes [qu'il avait] utilisées, comme créer de faux profils Facebook ». Mais le lendemain, soit six jours avant son rendez-vous prévu avec le FBI, alors que Barr s'apprêtait à sonner l'hallali, il découvrait avec horreur que c'était sur lui que le filet s'était refermé. Anonymous avait pris possession du site Internet de HBGary Federal où l'on pouvait lire désormais : « Et maintenant la main d'Anonymous te balance des baffes. »

Pouvez-vous donner un exemple des techniques de guerre numérique utilisées par les Anonymous ?

Les Anonymous s'étaient introduits dans le serveur mail de HBGary Federal dont ils avaient sorti 40 000 messages qu'ils avaient postés sur le site The Pirate Bay. Ils avaient également effacé la sauvegarde du serveur de la compagnie, y détruisant l'équivalent d'un téraoctet de données. Ils étaient allés jusqu'à kidnapper le compte Twitter d'Aaron Barr et effacer toute l'information contenue dans sa tablette iPad. Ironie suprême, les méthodes employées avaient pour partie été les mêmes que celles que Barr avait utilisées pour « infiltrer », croyait-il, Anonymous. Ainsi, en matière de *social engineering*, se faisant passer pour Greg Hoglund, le P-DG de HBGary Inc., la firme-mère, ils avaient réclamé à l'administrateur du système informatique de son site de modifier le mot de passe, profitant de la brèche créée ainsi dans le système de défense pour s'y infiltrer. Ils avaient aussi utilisé des méthodes appartenant au hacking traditionnel, en particulier ce qu'on appelle *SQL injection*. Le principe en est simple et repose sur le fait que SQL (*Structured Query Language*), le langage le plus commun pour communiquer avec une base de données, y écrire, y supprimer ou y lire des données, est un langage de programmation très simple et peu sûr. On peut par exemple, avec un peu d'astuce, cacher à l'intérieur d'une requête que l'on transmet à la base de données une série d'instructions qui seront appliquées. J'en donne un exemple que tout le monde comprendra.

La base de données attend qu'on lui transmette un nom qu'elle ira rechercher, avant de communiquer les données associées qu'elle aura trouvées. On communique par exemple le nom d'une personne, et la requête retournera son âge. Le nom qu'on lui communique, elle le placera entre deux paires de guillemets. On lui dit « Arthur », et la requête suivante est transmise à la base de données : « SELECT * FROM 'auteurs' WHERE 'nom' = "Arthur"; » (« auteurs » étant le nom d'une table de données, l'étoile voulant dire « toute l'information disponible », le point-virgule marquant la fin de l'instruction). La requête obtient et communique toutes les informations contenues dans la table « auteurs » concernant les auteurs appelés « Arthur ».

Mais si je transmets comme nom, à la requête qui sollicitera la base de données, au lieu d'« Arthur », la séquence : « Arthur"); DROP TABLE'auteurs';», elle transmettra à la base de données une requête qui sera interprétée de la manière suivante : « Arthur » sera traité comme le nom attendu, les guillemets qui le suivent immédiatement seront interprétés comme la deuxième paire de guillemets qui entourent un nom signalant que la

« Assange est certainement un Robin des Bois contemporain »

séquence « nom » attendue s'arrête là, puis, le reste de la séquence transmise (« DROP TABLE 'auteurs'; ») sera interprété comme une instruction en soi, enjoignant à la base de données de détruire la table intitulée « auteurs ». On peut aussi neutraliser le reste de l'instruction en introduisant dans la séquence la sous-séquence « -- » qui suggère que tout ce qui suit est un simple commentaire du style : « Cette instruction sert à obtenir les informations relatives à un auteur », etc. On appelle le fait de bourrer des instructions dans une séquence que la base de données attend de l'utilisateur : *SQL stuffing*, « farcir du SQL ».
La faible capacité du langage de programmation SQL à déceler des détournements de sa syntaxe permet des manipulations de toutes sortes. Les dégâts que l'on peut produire dans une base de données grâce à une injection SQL sont quasiment infinis. Durant les élections parlementaires suédoises de septembre 2010, un électeur tenta une injection SQL du système électoral en remplissant son bulletin de vote à l'aide d'instructions SQL et, comme je l'ai signalé, c'est grâce à la même technique qu'Anonymous parvint à vandaliser le site Internet de HBGary Federal.

Mais en quoi les actions des Anonymous constituent-elles une critique de la politique étatique contemporaine ?

La mésaventure de l'arroseur arrosé était allée si loin que la présidente de la compagnie-mère HBGary Inc., Penny Leavy, se rendit sur un forum anonyme pour supplier Anonymous d'arrêter ses représailles. La réponse d'Anonymous fut de lui suggérer de se séparer d'Aaron Barr, mais aussi de vendre la filiale HBGary Federal et de verser le produit de la liquidation au fonds de défense de Bradley Manning.

Barr de son côté remit sa démission à la fin février. Mais l'affaire ne s'arrêtait pas là. Bien au contraire, parce que les 40 000 documents affichés par Anonymous sur le site The Pirate Bay contenaient plusieurs bombes, qui conduiraient Greenwald à écrire sur Salon.com que « la véritable question mise en lumière par cet épisode est à quel point l'axe où se retrouvent le gouvernement et certaines entreprises est sans foi ni loi [...]. L'autorité de l'État a été dans une très large mesure privatisée, tout particulièrement (mais pas uniquement) dans les mondes de l'État de surveillance et de la sécurité nationale. Le mur est mince entre l'autorité du gouvernement et celle des entreprises. L'autorité de celles-ci est désormais automatiquement confirmée par l'État, qui y ajoute son poids. La rotation de la porte tournante entre les hautes sphères du gouvernement et celles du milieu des affaires est si rapide et si continue qu'elle ne constitue plus la barrière minimale qu'elle a été à une époque. Ce n'est même pas simplement que le pouvoir des entreprises est illimité, c'est bien pire que cela : les entreprises s'approprient activement l'autorité de l'État pour assurer et augmenter leur propre pouvoir. L'exemption de l'état de droit a été purement et simplement transférée du sommet des élites politiques à leurs contreparties du secteur privé ».

Mais les hacktivistes ne visent pas seulement les États. WikiLeaks ne s'en est-il pas pris aussi aux banques ?

Effectivement. On découvrirait à cette occasion que la Chambre de Commerce américaine s'adressait à des agences s'occupant en principe de « sécurité », mais en réalité essentiellement de renseignement, de désinformation et de sabotage, pour tenter de ternir la réputation de ceux qu'elle considérait comme ses adversaires. On découvrirait aussi que le département de la Justice conseillait à une grande banque américaine de se mettre en contact avec un cabinet d'avocats qui mobiliserait alors l'ensemble des ressources de ce type pour attaquer WikiLeaks.

Assange avait annoncé à la fin de l'année 2010 une « mégafuite » à venir en 2011, touchant une grande banque américaine. La publication révélerait, disait-il, « un écosystème de corruption ». On avait rapproché cette annonce d'un entretien en 2009 au cours duquel il avait mentionné être en possession de 5 gigaoctets de mails appartenant à Bank of America.

Or, les mails de HBGary Federal qu'Anonymous rendait publics révélaient que le département de la Justice avait recommandé à Bank of America de s'adresser au cabinet d'avocats d'affaires Hunton & Williams, un cabinet important, comptant plus de mille juristes, et que celui-ci s'était alors mis en contact avec Team Themis, une cellule regroupant trois firmes du secteur de la sécurité : HBGary Federal, Palantir et Berico ; cellule mise en place initialement pour s'en prendre aux ennemis supposés de la Chamber of Commerce, et qui utilisait, par exemple, des méthodes mathématiques sophistiquées pour cartographier les liens existant entre ces « ennemis » à partir de leurs communications Twitter, un réseau de personnes se transmettant à titre privé ou publiquement des SMS.

La surveillance de toute forme de contestation s'est-elle accrue sur Internet ?

Ce qui s'est confirmé à travers des exemples de ce type, c'est la crainte, qui s'est manifestée au sein du public américain lors de la mise en place du Patriot Act consécutif aux attentats du 11 septembre 2001, que des méthodes mises au point pour contrer une éventuelle menace terroriste soient en fait utilisées à l'encontre des citoyens ordinaires. Une stratégie que l'on avait déjà vu utiliser pour ternir la réputation des sympathisants des Black Panthers, et dont l'actrice Jean Seberg avait en particulier été la victime. Quand la National Security Agency américaine fut prise la main dans le sac à intercepter les conversations de citoyens américains ordinaires, elle invoqua un dysfonctionnement « apparemment accidentel ». C'est la NSA qui avait à une époque été en charge du projet « ECHELON » dont l'objectif était de surveiller la totalité du trafic téléphonique, fax et mail passant par des satellites ou des relais téléphoniques. Les Européens avaient accusé les Américains de ne pas utiliser la NSA seulement pour la défense de son territoire mais aussi pour se livrer à de l'espionnage industriel au profit des États-Unis. La tâche de la NSA est rendue plus compliquée aujourd'hui du fait qu'une partie importante de ce trafic passe par des fibres optiques sillonnant un grand nombre de territoires nationaux distincts.

Une autre tactique envisagée par Team Themis, appelée « AstroTurf », un mot qui désigne le nom commercial d'un gazon artificiel consiste à mimer sur les réseaux sociaux l'émergence spontanée d'un courant d'opinion d'origine citoyenne. HBGary Federal avait déjà précédemment été chargé par le gouvernement américain de créer ainsi une « armée » d'identités Facebook afin de manipuler l'opinion dans une direction particulière sur des sujets sensibles.

L'*astroTurfing* aurait consisté dans ce cas-ci à créer de faux individus fréquentant les réseaux sociaux pour qu'ils établissent des « liens amicaux » avec les personnes visées, en vue de leur tirer les vers du nez pour mieux les discréditer ensuite. Une autre tactique encore, également envisagée, consiste à créer des sites Internet *honeypot*, c'est-à-dire « pot de miel », visant à attirer les contestataires, en vue de les répertorier et de les surveiller. Le politicien américain Lyndon LaRouche, par exemple, est un spécialiste des sites Internet pots de miel, ou encore mieux « attrape-mouches ». Plus à gauche que LaRouche, en effet, tu meurs ! Or il faut savoir que LaRouche a été autrefois un proche du président Ronald Reagan, pour qui il a mis au point le projet de « Guerre des Étoiles ». Pour mieux situer le personnage, il faut savoir que quand il raconte le même incident de sa vie dans deux autobiographies distinctes, il l'explique la première fois comme étant la conséquence de sa décision de collaborer secrètement avec le FBI par devoir patriotique, et la seconde fois comme la suite logique de son indéfectible engagement marxiste-léniniste !

La Chambre de Commerce américaine a fait savoir le 10 février 2011 qu'elle était choquée d'être l'objet de telles accusations, et qu'elle n'avait jamais autorisé de telles pratiques. Le magazine *Wired* a ironisé sur ces dénégations. Il a attiré l'attention sur le fait que les documents divulgués par Anonymous montraient que la réunion durant laquelle il était prévu que la Chambre donne son accord au plan devait avoir lieu le 14, soit quatre jours après son communiqué de presse.

Quelles stratégies ont été mises en œuvre par le gouvernement américain pour tenter d'abattre WikiLeaks ?

Une présentation PowerPoint créée par Team Themis expliquait à Hunton & Williams les services qui pourraient être offerts pour abattre WikiLeaks. Je cite *in extenso* l'une des diapos parce qu'il est intéressant de voir le type de services que proposent à leurs clients des firmes américaines ayant pignon sur rue, et qui ne furent aucunement inquiétées et – ajouterait Greenwald – ne le seront certainement jamais, puisque c'est l'administration elle-même qui recommande leurs services :

« Mettre de l'huile sur le feu dans les conflits entre groupes. Désinformation. Produire des messages relatifs aux différentes actions pour saboter ou discréditer l'organisation adversaire. Soumettre des documents falsifiés pour dénoncer ensuite les erreurs.

Susciter des craintes à propos de la sécurité de l'infrastructure. Inventer des histoires d'auteurs de fuites qui se sont retrouvés exposés. Si on se persuade que le processus [de soumission de documents] n'est pas sûr, ils sont cuits.

Attaques numériques contre l'infrastructure pour obtenir des données sur ceux qui soumettent des documents. Ceci tuerait le projet. Comme les serveurs sont maintenant en Suède et en France, mettre sur pied une équipe pour y accéder est plus simple.

Campagne dans les médias pour faire connaître la nature radicale et sans scrupules des activités de WikiLeaks. Pression soutenue. Ne fait aucune différence pour les fanatiques, mais suscite l'inquiétude et le doute parmi les modérés.

Trouver la source des fuites. Utiliser les médias sociaux pour repérer et identifier les comportements risqués. »

De telles propositions n'étaient pas nécessairement neuves : il existe un rapport secret du Pentagone divulgué par WikiLeaks en 2008 qui envisage de se débarrasser de l'organisation par des moyens similaires. Comme justification de la mise hors d'état de nuire de WikiLeaks, le rapport mentionnait que « les gouvernements de la Chine, d'Israël, de la Corée du Nord, de la Russie, du Vietnam et du Zimbabwe » l'avaient fait. Dans l'article où il rapportait le fait, Greenwald commentait d'un ton goguenard : « Le gouvernement américain figure désormais sur cette illustre liste de nations révérant la transparence ».

Parmi les raisons mentionnées par le Pentagone pour détruire WikiLeaks, citons notamment « les révélations par WikiLeaks des opérations d'enlèvement et violations supposées des Droits de l'homme [...] » ainsi que « des révélations supposées que le gouvernement des États-Unis a violé en Irak et en Afghanistan la convention sur l'interdiction des armes chimiques ».

La diapo citée se cantonnait dans les généralités, mais Glenn Greenwald lui-même était directement visé. Une autre diapo représentait par un diagramme un réseau de soutien à WikiLeaks, dont les acteurs étaient représentés par de petites photos d'identité surmontant leur nom. Il y avait là une ancienne journaliste du *New York Times*, un journaliste du quotidien anglais *The Guardian*, et Glenn Greenwald lui-même. Une autre diapo mentionnait Greenwald spécifiquement, expliquant que sans le soutien de gens comme lui, WikiLeaks devrait mettre la clé sous la porte, puisqu'après qu'Amazon avait refusé de continuer à les héberger, il avait personnellement facilité le transfert de leurs bases de données vers la Suède et la France.

« Il faut mettre fin à ce genre de soutien », ajoutait la diapo, qui faisait aussi le commentaire suivant à propos des journalistes représentés dans le diagramme : « Ce sont des représentants de professions libérales bien établis, qui ont le cœur à gauche, mais en dernière instance, si on les pousse dans leurs derniers retranchements, ils préféreront leur survie professionnelle à la défense d'une cause : c'est ça la mentalité de la plupart des membres des professions libérales dans le milieu des affaires. » La remarque était probablement correcte, en tant que « loi » s'appliquant de façon générale aux « professions libérales du milieu des affaires », l'erreur était cependant de considérer qu'elle s'applique nécessairement à tous les journalistes.

Julian Assange a défrayé la chronique mondiale. Il est tantôt idéalisé, tantôt diabolisé. De quoi est-il le symbole ?

Assange est certainement un Robin des Bois contemporain. Comme on le sait, Robin Hood n'a jamais existé, c'est un personnage fictif dont il est question depuis le XIIIe siècle au moins, et j'ai le souvenir d'un folkloriste qui faisait remonter l'origine de sa légende à des auteurs latins. Celui qui vole les riches pour donner aux pauvres est le type de personnage qui a plu à toutes les époques, c'est celui qui met son astuce au service du peuple. Ce n'est certainement pas par hasard qu'Assange, qui débute sa carrière de hacker à l'âge de 16 ans comme membre d'un trio qui se fait appeler les International Subversives, prend pour pseudonyme Mendax. Mendax, c'est le « trompeur » : le personnage du « décepteur » dont le goupil du *Roman de Renart* représente l'archétype dans notre culture. Dans mon pays, en Belgique, il y a aussi, du même ordre, Tijl Uilenspiegel. Assange s'inscrit dans cette lignée de personnages dissidents.

Son beau-père dit de lui : « Un gamin très malin… avec un sens très aigu du bien et du mal… qui s'est toujours levé en faveur du p'tit gars qu'a pas eu d'chance. » Dans une apparition sur le site TED qui promeut la réflexion comme moyen de sauver le monde, Assange dit devant la caméra : « Les hommes capables, les hommes généreux, ne créent pas de victimes : ils se dressent au contraire pour protéger les victimes. »

Assange est un hacker de la première heure, de la famille qu'on appelle « hackers éthiques » en raison de leur souci d'intervenir uniquement en tant que chevaliers blancs, en tant que redresseurs de torts. Mais il n'est pas seulement un hacker : il est aussi un programmeur talentueux, reconnu pour son travail, et ayant mis au point des programmes importants dans le domaine du logiciel libre.

S'il devait tomber, il serait certainement remplacé par un ou plusieurs autres. Il apparaît dans le rôle du justicier à un moment où les peuples ont perdu confiance dans le système financier actuel et dans le système politique qui cautionne sans états d'âme ce système financier fondamentalement vicié, et se cherchent des héros contestataires : Robin des Bois se lève contre le shérif de Nottingham, Tijl Uilenspiegel contre le terrible duc d'Albe dont l'armée terrorise les Pays-Bas – paradoxalement, le Guy Fawkes historique, devenu le héros emblématique des hacktivistes à la suite de *V pour Vendetta*, sévissait dans cette armée. Assange a été nommé « homme de l'année » par *Time Magazine* en 2010, ainsi d'ailleurs que par *Le Monde*. Amnesty International lui a attribué un prix en 2009 et *Forbes Magazine* l'a placé pour la première fois en 2010 parmi les 68 personnalités les plus influentes au monde.

Quelles sont les valeurs que défend Assange ? On les découvre dans ses déclarations ainsi que dans les textes qu'il rédige à l'occasion. Il a ainsi déclaré à Greenwald, dont il a longuement été question tout à l'heure : « Les informations [que nous divulguons] ont un potentiel réformateur. Et les informations qui sont dissimulées ou censurées le sont parce que les gens qui les connaissent ont bien compris qu'elles disposent de ce pouvoir réformateur. Ils s'emploient activement à empêcher cette réforme... Bien sûr il y a aussi une dimension psychologique, et j'éprouve un plaisir personnel à écraser la vermine ! J'adore relever un bon défi, ce qui est le cas aussi d'un grand nombre d'autres collaborateurs de WikiLeaks. Nous aimons les défis. »
Assange avait écrit dans le même sens sur son blog : « Plus une organisation est secrète ou injuste, plus les fuites induisent la peur et la paranoïa parmi ses dirigeants et la clique de ses stratèges... Comme les systèmes injustes génèrent nécessairement une opposition en raison de leur nature, et que dans bien des cas ils ont énormément de mal à se maintenir en place, des fuites massives exposent leur extraordinaire vulnérabilité à ceux qui cherchent à les remplacer par des systèmes de démocratie directe. » Dans un entretien accordé à un quotidien allemand, il dit également : « L'organisation de fuites constitue une action intrinsèquement anti-autoritaire. »

Tout cela est très clair. En France, cela s'apparente au mouvement autogestionnaire ou au « communisme de conseils » de Socialisme ou Barbarie.

Quelle que soit la manière dont évolueront les actions en justice engagées contre lui, Assange a préparé ce qu'on appelle une *poison pill*, une

« pilule empoisonnée » : 1,4 gigaoctet d'informations chiffrées qui seraient décodées et rendues publiques s'il devait lui arriver malheur.

Révoltes
et situatio
prérévolut
à l'heure
d'Internet

Révoltes
et situations
prérévolutionnaires
à l'heure
d'Internet

Récemment, une vidéo mettait en scène Éric Cantona se demandant « comment faire la révolution ». La solution qu'il a proposée consistait à ce que chacun retire l'argent de son compte bancaire. « Pas d'arme, pas de sang... à la Spaggiari ! » dit-il. Qu'en pensez-vous ?

Quand Éric Cantona dit dans une interview qu'il suffit que tout le monde aille retirer son argent de sa banque pour que le système s'effondre, et que des ministres comme Christine Lagarde se croient obligés de lui répondre, c'est bien qu'ils pensent que la situation est dangereuse et qu'il y a de réels risques d'insurrection ! Car autrement, pourquoi iraient-ils répondre à quelqu'un qui n'est en aucun cas un expert en économie ? En situation non prérévolutionnaire, cette phrase de Cantona aurait fait l'objet d'un entrefilet en quatorzième page des quotidiens. Or, on a vu les réactions immédiates des politiques, comme : « C'est un footballeur, à chacun son métier ! » D'autres recouraient à l'intimidation : « Si vous faites cela, c'est vous qui en serez les premières victimes ! », etc. On se dit que les gouvernants doivent estimer qu'il y a un risque que cet appel soit entendu, que les gens fassent réellement la révolution comme Cantona les y invite... Et son « appel » a eu à la fois beaucoup d'écho en France et en Angleterre, puisqu'il est une vedette dans les deux pays.

Ceci dit, je ne pense pas que cette approche soit la meilleure manière de résoudre les problèmes de l'heure ! Comme on le sait, il peut très bien se créer un phénomène de panique bancaire ou *bank run*, c'est le talon d'Achille du système bancaire. En effet, tout le monde dépose de l'argent sur son compte courant, mais celui-ci n'y reste pas, il est tout de suite prêté. Donc si une majorité de personnes retire son argent, il y aura un problème de liquidité puisque l'argent auquel peut prétendre le titulaire d'un compte n'est pas disponible tout de suite, car il est en train de circuler. En conséquence, le système s'écroule.

Un exemple pour illustrer ce danger : il existe une théorie fausse qui circule, notamment sur Internet – voyez par exemple la vidéo de Paul Grignon, intitulée *L'Argent dette*. On trouve cette théorie énoncée dans les milieux complotistes, mais aussi plus curieusement dans certaines universités françaises. Elle veut que les banques commerciales créent de l'argent « à partir de rien ». Comme je l'ai montré ailleurs[2], les banques centrales font une estimation de la richesse créée chaque année par le travail combiné à d'autres ressources, afin d'assurer la stabilité des prix. Et, selon les circonstances, elles vont mettre en circulation plus d'argent (pour éviter la déflation) ou en retrancher (pour lutter contre l'inflation). La théorie du complot affirme que les banques commerciales font la même chose, en prêtant de l'argent qu'elles n'ont pas – ce qui est parfaitement faux. Or, pourquoi ne trouve-t-on jamais aucun membre de gouvernement pour s'inscrire en faux contre une telle théorie, truffée d'incohérences ? Tout simplement parce qu'un démenti officiel risquerait d'attirer l'attention du public sur la fragilité du système bancaire en cas de panique bancaire. Laisser circuler de tels racontars serait donc un moindre mal.

Mais, à mon sens, le plus important dans cet appel, c'est que l'idée de Cantona, selon laquelle « il faut punir les banques », trouve un écho très fort dans les populations française et anglaise. Pour ce qui est des solutions, il y en a probablement de meilleures que celle qu'il propose. Selon moi, la bonne façon de changer la finance telle qu'elle fonctionne aujourd'hui serait d'interdire les paris sur les fluctuations de prix. Les transactions financières seraient alors réduites de 80 % et cantonnées à des opérations utiles. Je ne vois pas pourquoi une telle règle ne serait pas mise en œuvre et progressivement généralisée. Bien sûr, on m'oppose en général l'argument suivant : il y aura toujours quelqu'un quelque part pour autoriser les paris sur les fluctuations de prix, car cela rapporte beaucoup d'argent. L'argument est d'une stupidité confondante puisque le prix à payer est une multiplication du risque systémique : le risque de voir le système s'écrouler entièrement. Certaines idées peuvent faire leur chemin, parce qu'elles résultent du bon sens, sans qu'il y ait de concertation nécessaire à un niveau mondial. Si la mesure est bonne, il suffit que quelqu'un commence à l'appliquer et les autres suivront. On a bien interdit dans tous les pays aux gens de se tuer les uns les autres, et il n'y a pas eu besoin que je sache de faire de grandes conférences internationales sur le sujet pour prendre la décision : l'idée facilite la vie en société, c'est tout !

Vous utilisez le terme de « situation prérévolutionnaire » : n'est-ce pas un peu fort, tout de même ?

Les mots ne doivent jamais faire peur : c'est ce qu'ils évoquent qui peut faire peur. La question est seulement de savoir si l'on utilise le mot à bon escient, comme l'enseignait très justement le confucianisme. J'emprunte l'expression à Marx : dans une situation prérévolutionnaire le consensus envers l'ordre existant a disparu. C'est ce que les sondages révèlent, c'est ce que révèlent aussi les élections : l'abstention est massive dans le monde occidental, et la majorité de ceux qui votent émettent un vote de protestation : ils ne votent pas pour des représentants spécifiques, ils votent, élection après élection, contre ceux qui étaient au pouvoir. L'usage du terme « prérévolutionnaire » pour désigner la situation actuelle ne me semble donc pas particulièrement aventureux. Il est bien adapté pour comprendre les révolutions récentes en Tunisie et en Égypte, et l'effervescence qui n'a pas encore abouti dans certains autres pays du Proche- et du Moyen-Orient. On a vu des événements du même ordre qui n'ont pas débouché sur un changement de régime, dans le cas de l'Iran par exemple. On l'a surtout vu en Chine, où l'utilisation des téléphones portables ou de réseaux sociaux de type Twitter a permis d'orchestrer des campagnes contre des situations scandaleuses de quasi-esclavage dans des carrières et des briqueteries. J'ajoute que les effets de contagion possibles entre les situations en Tunisie ou en Égypte et celle des pays occidentaux, y compris la France, ont été très visibles. Quand Mme Alliot-Marie dit à l'Assemblée nationale qu'il faut aider Ben Ali à mater les foules révoltées, on ne comprend au début pas pourquoi elle dit cela. On découvre un peu plus tard la proximité de Mme Alliot-Marie et de son père avec Ben Ali ou avec la famille de sa femme : les Trabelsi. Or, Mme Alliot-Marie tarde à démissionner. Ces événements démontrent l'existence de solidarités de caste, indépendamment des nationalités, et ces solidarités dessinent du coup les lignes d'une contagion révolutionnaire éventuelle. Derrière ces cas particuliers, il existe un problème de fond. Si les démocraties fonctionnent toujours au niveau des apparences, elles ne le font plus dans les faits, pour les raisons que les hacktivistes dont il était question tout à l'heure mettent en évidence. Ce qu'on peut du reste percevoir à travers un certain nombre de symptômes, comme le nouveau président français et ses amis se retrouvant en 2007 au Fouquet's juste après avoir gagné les élections. Cela fait vraiment très mauvaise impression, on ne peut pas s'empêcher de penser : il va rendre compte à ceux qui l'ont commandité. De la même manière qu'il est impossible de ne pas rapprocher le fait que M. Obama apparaît comme le candidat de Wall Street avec le fait que son administration se révèle ensuite tellement accommodante avec le secteur bancaire. Qui aurait pu imaginer à l'automne 2008 qu'aucun banquier ne serait en prison en 2011 ? Et ce n'est même pas que certains auraient déjà purgé leur peine : aucun n'a même été inquiété ! Le seul financier qui soit en prison est Bernard Madoff, l'auteur d'une cavalerie « à l'ancienne » : typique de la première moitié du XIXe siècle ! Ajoutez à cela l'Affaire Woerth-Bettencourt, l'affaire des frégates de Karachi, les financements de partis, les changements de lois qui favorisent les grosses fortunes, imposent chichement les revenus du patrimoine mais surtout pas le patrimoine lui-même, et le fait que les plus riches affichent leur fortune tout en se vantant de ne quasiment pas payer d'impôts grâce à de l'« optimisation fiscale », c'est-à-dire le fait de tirer parti de sorties de secours très opportunément disposées aux endroits *ad hoc*, et dont des comptables bien informés et bien rémunérés connaissent l'existence…

Dans l'opinion publique, les fraudes et les divers arrangements fiscaux seraient d'après vous moins acceptables aujourd'hui qu'ils ne l'étaient hier. Pourquoi cela ?

Si les gens se scandalisent plus qu'hier de ces frasques, c'est certes parce que les riches s'enrichissent de plus en plus et de plus en plus rapidement, mais aussi parce que l'esprit de chacun est en alerte. De ce point de vue, la situation est assez comparable aux affaires qui secouèrent la IIIe République dans les années 1930, comme l'affaire Stavisky. Quand tout le monde gagne de l'argent, on se fiche de savoir que quelques-uns s'enrichissent beaucoup plus que soi. Mais en période de crise, quand les gens se serrent la ceinture, alors un grand nombre de fraudes apparaissent au grand jour. Non qu'il n'y en ait pas eu auparavant, mais parce que l'esprit est désormais en alerte. Alors, même dans le milieu financier, les langues se délient, chacun accuse plus facilement l'autre pour éviter de se trouver soi-même en porte-à-faux. Ce phénomène avait bien été mis en évidence par l'économiste américain John Kenneth Galbraith dans son étude sur *La Crise économique de 1929* (1954).

J'ai moi-même pu vérifier concrètement cela quand je menais mes enquêtes sur la pêche dans l'île de Houat, en Bretagne. Le pêcheur pêche une quantité de poisson *x* et va vendre ce poisson à un prix *y* au conserveur. Pour tous les acteurs, il est entendu *a priori* qu'il existe un équilibre entre l'offre et la demande, qui justifie tel ou tel prix du poisson. Or, dans les conversations ou, dans le cas de la pêche à la sardine dans les années 1920, lorsque j'ai jeté un œil sur les carnets de pêche d'un vieux pêcheur du Croisic, je me suis aperçu que très souvent les prix ne résultaient pas du tout d'un équilibre entre l'offre et la demande. Lorsque j'interroge « Pironton » – c'était son surnom – à ce propos, il me dit que dans les moments de crise, les prix résultent d'une entente à l'amiable entre le pêcheur et le conserveur. En effet, il arrivait fréquemment que pêcheurs et conserveur se retrouvent autour d'une table pour discuter du prix, afin que tout le monde s'en sorte, en dehors de toute prise en considération de l'offre et de la demande. Le conserveur explique que s'il ne fait pas tel chiffre d'affaires, il devra fermer l'usine. Les pêcheurs disent que s'ils descendent en dessous de tel prix, ils ne pourront plus manger à leur faim ni payer leurs factures.

Quand j'ai demandé à « Pironton » si ce type de situation « de crise » se rencontrait souvent, il m'a répondu que cela n'arrivait « pas plus de dix fois par mois » ! Je me suis rendu compte alors que ces arrangements autour du prix n'étaient en rien exceptionnels, ils reflétaient plutôt la situation normale dans ce métier. Et c'est vrai en réalité sur tous les marchés : dans les situations de crise, c'est simplement la réalité non dite du fonctionnement du marché dans sa pratique quotidienne qui apparaît en surface. La loi d'un équilibre magique entre l'offre et la demande est une approximation du rapport de force entre vendeurs et acheteurs, et les quantités dont ils disposent ou qu'ils sont prêts à acheter contribuent à déterminer le rapport de force entre eux – mais dans cet ordre de causalité là : la rencontre de l'offre et de la demande est l'un des éléments qui composent le rapport de force qui, lui-même, va déterminer le prix.

Telle année, on voit que le prix du poisson a augmenté pour la simple raison que les conserveurs ont fait un geste pour aider les pêcheurs. Telle autre année, cela sera le contraire : le prix du poisson a baissé, car les sardines ramenées par les pêcheurs étaient souvent trop grosses et elles ne correspondaient pas au « moule » c'est-à-dire à la taille standard requise pour la mise en boîte. À ce moment-là, les pêcheurs, qui ne choisissent bien sûr pas la taille moyenne des poissons qu'ils pêchent, acceptent de faire un cadeau au conserveur et baissent leurs prix. Ces ententes sur le prix, les gens des métiers de la pêche les nomment « taxation », qui est un terme ancien pour ce genre d'accords, datant du Moyen Âge.

C'est le résultat de cette enquête qui m'a amené à progressivement réfléchir sur le mécanisme de formation des prix décrit par la théorie économique dominante actuelle, la théorie dite « marginaliste », qui explique la formation des prix par un équilibrage naturel du prix en fonction des quantités offertes et de la demande – la dimension spéculative de la formation du prix étant très opportunément mise entre parenthèses. J'ai expliqué tout cela ailleurs, en intégrant non seulement mon expérience sur les marchés des produits de la mer en Bretagne et en Afrique de l'Ouest, mais aussi celle que j'ai acquise durant les dix-huit années que j'ai passées plus récemment sur les marchés financiers[3].

Alors, pour en revenir maintenant à votre question, c'est un phénomène tout à fait équivalent qui se passe en situation prérévolutionnaire : le fonctionnement réel de la société, avec ses injustices économiques et ses « accommodements avec le ciel », particulièrement visible dans l'affaire Bettencourt, commence à apparaître en surface, alors qu'auparavant il était déjà là mais invisible. En période ordinaire, on nous présente de manière paternaliste un système beaucoup moins dur, beaucoup plus « ronron » qu'il ne l'est dans les faits. Le terme *Realpolitik* renvoie lui aussi à cette manière dont les choses fonctionnent véritablement, par contraste avec les histoires qu'on raconte aux enfants et aux téléspectateurs du journal télévisé de 20 heures. D'une certaine façon, ce qu'Assange voudrait voir advenir, c'est une époque où plus rien ne distinguera les politiques effectivement suivies de ce qu'on voit et entend au journal de 20 heures. La réalité du 20 heures et le *Real* dans *Realpolitik* se seront confondus. On peut toujours rêver !

Vous avez donc une vue optimiste sur les capacités de résistance ou de subversion des citoyens du monde actuel, assez éloignée des clichés habituels, qu'on trouve dans une certaine pensée de gauche, présentant les gens comme des moutons soumis à la consommation passive de biens matériels ou culturels…

Effectivement, il est très commun d'entendre dire : « Les gens sont passifs, ils sont soumis à la dictature de la télévision ou des jeux vidéo », etc. Il est vrai que beaucoup de personnes s'intéressent davantage au football qu'à l'actualité à l'échelle mondiale, dans un cadre « normal », quand leur pouvoir d'achat n'est pas affecté de manière majeure. Mais si les salaires stagnent et qu'il y a par ailleurs inflation, parce que l'argent créé comme reflet de la richesse qui a été produite ne se retrouve pas dans les salaires, le moment vient nécessairement où l'on atteint un seuil : le mécontentement est tel que les gens se rebellent. Pour revenir sur quelque chose dont nous avons déjà parlé : l'écho de l'appel de Cantona correspond-il à l'image qu'on se fait généralement de la passivité des gens ? Il est vrai que dans ce cas la prise de conscience passe initialement par le football !

Nous avons déjà vu ça dans la période qui va de 1780 à 1788. Il y avait peut-être une certaine placidité du « peuple », jusqu'à un moment où le pain vint à manquer. Les mauvaises récoltes de 1788 font que le prix du pain est au plus haut. Alors, les gens commencent à parler entre eux, au cours des veillées, au marché. Résultat : une révolution. Les politiques ont toujours fait grand cas de ces seuils psychologiques qui, une fois atteints, peuvent générer des révoltes. Aujourd'hui, ces seuils psychologiques seront probablement liés à un taux de chômage « acceptable » pour la population. Quand vous avez 1 personne sur 10 au chômage, l'entraide familiale peut jouer un rôle stabilisateur ; mais quand vous en avez 4 sur 10, il n'y a pas assez de ressources en circulation pour que ce type d'entraide fonctionne. La placidité du peuple n'est pas absolue, elle dépend d'un état moyen de bien-être.

J'ai dit qu'il y avait une escarmouche sur laquelle il faudrait que je revienne et je pensais en particulier à la première manifestation d'hacktivisme en 1994, quand les Zippies, un groupe de hackers de San Francisco, lancèrent une opération de déni de service appelée « Intervasion of the UK », l'« Intervasion du Royaume-Uni », qui rendit tout accès aux sites du gouvernement britannique impossible durant une semaine entière. La raison, c'était une loi du gouvernement de John Major qui interdisait les concerts où la musique aurait « un rythme répétitif », une manière de viser les *rave parties*, durant lesquelles les participants consomment la drogue ecstasy. Étaient également visées les boîtes mail des politiciens qui soutenaient le projet de loi. Les Zippies leur adressaient le message suivant : « Si vous nous retirez la liberté, nous avons le pouvoir de vous retirer à vous quelque chose qui vous semble aller de soi, et nous le ferons d'une manière où Internet sera déployé comme une arme. » Sans que le gouvernement de John Major s'en soit probablement rendu compte, un seuil de tolérance avait été atteint – au niveau international ici – et un petit groupe s'était levé pour dire : « Basta ! »

Vous privilégiez donc une lecture de l'histoire d'inspiration marxiste, en considérant que c'est l'économie (les « infrastructures ») qui prime sur les idées (les « superstructures ») ?

Dans le cas du pain certainement ! Mais les concerts *rave* parties, c'est autre chose, même s'il ne s'agit pas à proprement parler des « idées ». Supposons qu'on interdise aujourd'hui les réseaux sociaux, ou l'utilisation du téléphone portable. Imaginez la réaction du public ! Prenez les quelques siècles qui virent la chute de l'Empire romain. L'atmosphère, pour le peuple, est au *panem et circenses*, selon la formule du poète satirique Juvénal. Si le pain vient à manquer, les choses vont tourner au vinaigre. Mais parallèlement, si les gens du cirque devaient entrer en grève – c'est une image : je ne pense pas que les gladiateurs bénéficiaient des droits syndicaux ! –, la frustration du peuple monterait également automatiquement d'un cran. Ma réponse, c'est donc les deux : « infrastructure » et « superstructure ».

Dans le monde contemporain, l'ensemble des éléments qui déterminent le bien-être populaire est plus complexe qu'à l'époque romaine. Mais, comme je l'ai expliqué ailleurs, le capitalisme est à l'agonie en raison d'un ensemble de processus de dégradation qui s'alimentent les uns les autres : le secteur bancaire a entraîné les États dans sa chute, et la chute de ceux-ci, à son tour, aggrave encore l'insolvabilité des banques[4]. Cette évolution ne serait réversible que par une remise en cause drastique de la propriété privée telle que nous la concevons aujourd'hui. Mais on ne s'y résoudra qu'en toute dernière extrémité, parce que ce serait une révolution, pacifique de préférence, mais une révolution quoi qu'il en soit.

Si les démocraties fonctionnent toujours au niveau des apparences, elles ne le font plus dans les faits »

Mais pourquoi les politiques n'arrivent-ils pas à proposer d'alternative convenable à la logique des marchés ? Comment trouver de nouvelles alternatives ?

Les marchés sont indispensables et survivront : il faudra toujours faire se rencontrer acheteurs et vendeurs et distribuer marchandises et produits. Vouloir organiser tout cela bureaucratiquement est suicidaire, comme l'a montré l'exemple de l'Union soviétique. Mais pour revenir à cette notion de « rapport de force » dont nous parlions tout à l'heure à propos de la formation des prix, il faut que le rapport entre l'acheteur et le vendeur soit équilibré pour que la marge de profit reste dans des limites raisonnables – suffisant pour que le distributeur puisse vivre correctement – mais sans que cela soit fixé de manière bureaucratique et autoritaire. Autrement dit, il faut que le marchand, au lieu de dominer l'ordre social, comme il le fait aujourd'hui, rentre dans le rang des citoyens ordinaires. Ce sont des idéologues comme von Mises ou von Hayek qui ont voulu que l'aristocratie d'antan soit remplacée par une aristocratie de capitalistes et de marchands, alors que tout système aristocratique est également haïssable.

Notre tragédie est que l'organisation économique est encore mal connue et mal comprise. Depuis le milieu du XIXe siècle la prétendue « science » économique s'est engagée dans une voie de garage : produisant dans le meilleur des cas un discours hyperspécialisé mimant la physique mécanique, et dans le pire des cas, un simple langage d'auto-justification à l'usage des financiers quand ils s'adressent aux politiques. La macro-économie, censée être une théorie économique générale, surplombante, est fondée en réalité sur des postulats très étroits. Il n'existe aujourd'hui pas de théorie valable qui pourrait rendre compte de manière globale du fonctionnement de nos sociétés. Dans une période de crise comme la nôtre, alors qu'on ne voit pas le bout du tunnel, nous aurions bien besoin d'une interprétation théorique sur laquelle nous reposer. Malheureusement les économistes, à quelques exceptions près – comme John Maynard Keynes –, nous ont fait perdre un temps précieux. Il nous reste alors à trouver des solutions viables et nouvelles, et pour cela nous avons besoin de lieux de réflexion. Prenez 1789, on voit apparaître les clubs révolutionnaires : Club breton, Jacobins, Cordeliers, Feuillants, etc., au sein desquels on réfléchit aux projets de lois ou à des thèmes de société. Ce ne sont pas des *think tanks*, car ils accueillent tous types de citoyens. Sous la Terreur, on finira même par imposer l'appartenance à un club. Il est vrai que ces clubs se trouvèrent vite dépassés par les événements, notamment les guerres extérieures et les soulèvements intérieurs de villes comme Nantes ou Lyon… Malgré tout, il me semble nécessaire de regarder ce qu'ont pu dire dans ces clubs des gens comme Robespierre ou Saint-Just, et pas seulement par intérêt historique ! En effet, les problèmes qui se posaient à eux sont les mêmes que ceux qui se posent à nous aujourd'hui. Cela nous permettrait de revenir sur la question de la propriété, de la liberté individuelle, des pouvoirs intermédiaires, des contre-pouvoirs, de la distribution de la richesse… bref, de tout ce qu'il faudrait régler pour sortir de la crise.

Internet facilite la diffusion des idées. Comment utilisez-vous, en tant qu'auteur, ce nouveau média ?

Aujourd'hui, nul n'a plus besoin de se rendre en bibliothèque, car avec Internet on a accès à une somme virtuellement infinie de documents ou d'archives, directement chez soi. Écrire un livre prenait des années, aujourd'hui on peut le faire en quelques mois ou quelques semaines. Les rapports au sein du milieu universitaire s'en trouvent également bouleversés. Avant, lorsque vous vouliez communiquer avec vos confrères, il vous fallait publier dans une revue savante, et pour cela entrer dans un circuit long et incertain : votre texte allait-il être accepté ? Possédiez-vous les appuis suffisants pour que votre texte passe le comité de rédaction ? Après cela, il vous fallait attendre la relecture par des lecteurs anonymes, qui suggéraient des modifications, que vous intégriez à votre texte... et avec un peu de chance, votre texte paraissait dans la revue en question au bout de deux ans. Sachant que celle-ci était vendue à 1 000 exemplaires, vous aviez peut-être la possibilité d'être lu au bout de quelques années par 5 000 personnes. Or, désormais, vous pouvez publier de manière quasi instantanée sur un blog, avec la possibilité d'être lu par 100 000 personnes sur un mois, pour donner un chiffre emprunté à la fréquentation de mon propre blog. Cela change considérablement la donne.

Évidemment, puisque tout peut être publié sur Internet, rien ne vous permet d'être assuré de la qualité ou de la véracité d'un texte. Dans ces circonstances, seules des personnes averties sont capables de distinguer entre un texte de bonne qualité et une théorie du complot de plus bas niveau ou un document falsifié. Il faut être allé à l'école pour pouvoir lire les signes qui vous renseignent immédiatement sur le degré de fiabilité d'un texte, même sur des sujets que vous ignorez...

Pour autant, Internet permet-il à tout un chacun d'être mieux connu, ou mieux reconnu ?

Auparavant, chacun pouvait connaître ceux qui habitaient sa rue, puis fréquentaient son école, appartenaient à son régiment, allaient à son bal ou travaillaient à ses côtés. Voilà quelles étaient les bornes de l'univers humain connaissable. Aujourd'hui, chacun connaît en puissance la totalité des êtres humains dont il ou elle partage l'univers linguistique. On se rencontre sur Internet, dans des forums, comme co-commentateur de blogs, comme guerrier cybernétique dans un univers de dragons et de donjons et mieux encore, sur Facebook, qui est un peu le blog de M. et Mme Tout-le-monde. À ce sujet, il est intéressant de noter que début 2011, pour la première fois aux États-Unis, les internautes ont passé plus de temps sur les réseaux sociaux, et principalement Facebook, que sur leur boîte mail.

Une des valeurs essentielles de la vie est la reconnaissance par autrui, et chacun peut désormais trouver sur Internet un petit groupe d'individus qui le reconnaît. En outre, dans cette nouvelle configuration, chacun choisit le niveau des informations qu'il désire partager… Une publicité dans le métro nous donne à voir le niveau de nullité absolue de certains échanges : quelqu'un commente le temps, dit qu'il pleut ou qu'il fait soleil, un autre détaille ce qu'il a mangé à midi… La reconnaissance était autrefois durement acquise, mais maintenant tout le monde, même un enfant de 6 ans, peut se trouver un groupe de personnes qui le reconnaîtra pour ses qualités personnelles, quel qu'en soit le niveau. C'est sûrement une très bonne chose pour la confiance en soi, qui peut ainsi se renforcer aisément chez tout le monde. Il n'est désormais même plus nécessaire à tout un chacun d'avoir son « quart d'heure de célébrité » en passant à la télévision comme Andy Warhol l'avait prédit. Désormais, chacun peut trouver la célébrité sur Internet même si c'est dans un cercle extrêmement restreint.

Ce qui est surprenant, c'est qu'aucun scientifique ou intellectuel n'avait prévu l'évolution de ce nouveau média, ni le succès des réseaux sociaux?

On s'est beaucoup trompé sur le devenir d'Internet, et ce dès le début de sa popularité. Voyez la cotation en bourse des start-up, qui a généré l'apparition de ce qu'on a appelé la « bulle Internet » sur les marchés boursiers, tout à la fin des années 1990. On a d'abord cru que toute compagnie fournissant des services Internet allait faire des milliards, les gens qui y travaillaient percevaient des salaires astronomiques et étaient inondés de stock-options. Le prix des actions est monté subitement, mais la plupart de ces sociétés se sont effondrées très rapidement. Je peux vous dire pourquoi parce que j'ai eu plusieurs entretiens dans des sociétés de ce genre, à Los Angeles et dans Orange County, au sud de L.A. Je me souviens de ce monsieur qui me disait: « Il y aura un moment difficile pour la société: celui de notre entrée en bourse, parce que l'ensemble des fondateurs – moi y compris –, nous prendrons alors notre retraite. » Il n'a pas dit « fortune faite », mais cela allait de soi: l'entrée en bourse signifiait plusieurs millions de dollars pour chacun d'eux. L'une de ces start-up me proposait de créer un site boursier en temps réel, ce que je savais faire. Honnêtement, celle du monsieur qui prendrait ses cliques et ses claques, je ne me souviens plus de ce qu'elle prétendait qu'elle allait

faire. Cela n'a aucune importance puisqu'ils laissaient derrière eux des coques vides. Et on s'étonne que cela n'ait pas marché !
C'était l'un de ces grands moments qu'a connus le capitalisme... avant la fermeture définitive que nous vivons en ce moment ! Le krach du NASDAQ a eu lieu en avril 2000, seules Yahoo !, Amazon et AOL ont survécu, et cette dernière a connu depuis une importante perte de vitesse. À cette époque, les gains que pouvait rapporter ce type d'entreprises ont été largement surévalués, je parle de celles qui n'étaient pas de simples coques vides.
Bien sûr, quelques-unes ont sorti leur épingle du jeu, comme Google, le site le plus visité au monde qui, sous prétexte de prendre des photos dans les rues pour Google Maps, écoutait aux portes et aurait vendu des informations sur les particuliers aux agences de renseignements américaines. C'est ce qui expliquerait la mansuétude dont l'entreprise fit l'objet quand elle fut traduite en justice pour cette « erreur technique ». La compagnie a gagné en 2009 plus de 20 milliards de dollars en vendant aux enchères des mots clés, qui sont placés dans les liens commerciaux du site. Même phénomène avec Facebook, la compagnie créée par Mark Zuckerberg : ce dernier a vendu à Microsoft une part de l'entreprise ainsi que des fiches d'informations concernant les usagers de ce site, lequel est devenu ainsi le seul fournisseur de publicités sur Facebook. Grâce à cette opération, et l'annonce de nouveaux investisseurs, l'entreprise vaudrait aujourd'hui 60 milliards de dollars.
Pourtant, il faut rester très prudent pour analyser ces chiffres... En effet, la compagnie s'est livrée à d'habiles manœuvres, cautionnées par Wall Street, pour conserver la confidentialité de ses données

financières. Le but étant de dissimuler l'écart désastreux entre son chiffre d'affaires et la valorisation de son capital (plus de 100 fois le chiffre d'affaires). Et de poursuivre ainsi sa marche triomphale de « création de valeur », dont la réalité économique est artificiellement gonflée.
De telles opérations invitent à douter de la viabilité de l'économie proprement miraculeuse de ces sociétés phares du monde des nouvelles technologies. Celles-ci ne vivent pas de leur chiffre d'affaires mais « brûlent » l'argent qui résulte de l'augmentation de leur valorisation. Quant aux investisseurs, ils se pressent à la porte dans l'espoir que la cote de l'action de l'entreprise va continuer de monter. Une certitude qui a fait long feu sur le marché immobilier, selon laquelle le prix des maisons n'allait pas cesser d'augmenter. Avec les résultats que l'on sait...

Comment se diffusent les idées sur Internet? Cela pose la question de la « contagion des idées », pour utiliser une expression de l'anthropologue Dan Sperber...

Oui, le principe de « contagion des idées » de Dan Sperber, qu'on trouve dans son livre éponyme de 1996, ou l'idée de « mèmes » chez Richard Dawkins dans *The Selfish Gene* (1976) visent à décrire comment les principes darwiniens pouvaient être étendus pour expliquer la façon dont les idées et les phénomènes culturels se répandent. Théories qu'on peut critiquer, mais qui posent un problème très intéressant: celui de la conviction. Par quoi et pourquoi est-on convaincu par une idée ou une représentation ? Les idées, indéniablement, se diffusent en passant d'un individu à l'autre, et on est alors en droit d'en dresser la carte, de même qu'on le fait pour un virus en épidémiologie.

Ce qui est nouveau aujourd'hui, c'est que la transmission des idées ne se fait plus de bouche à oreille, elle n'épouse plus la carte des migrations humaines, comme cela a été le cas par exemple au néolithique. Désormais, avec un outil comme Internet, les mêmes idées peuvent se diffuser en des endroits de la carte très variés et éloignés les uns des autres. Avec évidemment des zones de plus grande concentration dans les villes, ou en fonction du régime politique : si la Chine censure l'accès à Internet, la carte sera plus clairsemée qu'ailleurs. Il existe aussi des barrières linguistiques : pour qu'une idée fasse son chemin dans une autre langue, il faut tout d'abord qu'elle soit traduite.

Donc, selon vous, si Internet ne change pas vraiment les comportements, il permet un accès plus large et plus rapide à une connaissance globale. Mais le statut de l'auteur ne s'en trouve-t-il pas bouleversé ? Voir les récentes accusations de plagiat, pour des Houellebecq et autres Poivre d'Arvor, ayant « copié/collé » des passages entiers de Wikipédia…

Le plagiat a toujours existé, mais les nouvelles technologies le rendent plus difficile à maquiller. Il était facile de plagier un livre d'un obscur auteur du XIXe siècle, car le livre ne se trouvait pas facilement. Aujourd'hui, n'importe qui peut faire une rapide enquête pour vérifier si un passage a été emprunté à Wikipédia, il lui suffit de taper cette phrase dans un moteur de recherche de type Google pour voir où elle a été écrite. Le « métier » de plagiaire est donc devenu plus difficile ! À l'apparition des logiciels de traitement de texte, les usagers n'étaient pas familiarisés avec cette nouvelle technique, et ils ont pu de bonne foi commettre un certain nombre de plagiats, car à force de « copier/coller » des passages, ils ne savaient plus qui en était l'auteur. Mais désormais, cette phase d'accoutumance à une nouvelle technique est derrière nous.

Plusieurs intellectuels se sont alarmés des dangers d'Internet. Bernard Stiegler dénonce la montée du populisme avec l'essor des médias analogiques. Paul Virilio, quant à lui, se réfère à l'un des fondateurs de la cybernétique, Norbert Wiener, pour affirmer qu'il y a un risque de contrôle totalitaire des populations[5]. Qu'en pensez-vous ?

Ce danger existe, bien sûr. Bon nombre de nos conversations téléphoniques, de nos messages électroniques, sinon tous, sont écoutés et analysés. Dans les grosses entreprises, les patrons peuvent surveiller grâce à des logiciels tout ce qui se passe sur les écrans de leurs employés. La National Security Agency (NSA) américaine, je l'ai dit, s'efforce de connaître tout ce que nous communiquons. Bien sûr, les personnels de cette agence ne peuvent pas lire tous les messages intégralement, mais ils disposent de logiciels qui analysent les contenus des messages par mots clés. Il existe des techniques statistiques dites de *data mining* qui permettent d'identifier non seulement des occurrences de mots mais aussi, comme nous l'avons vu tout à l'heure, des réseaux de personnes. Le contrôle augmente sans cesse, mais aussi les techniques pour déjouer ces contrôles. De toute façon, le « bruit » généralisé sur le web fait qu'on ne peut pas tout contrôler…

Certains gouvernements décident aussi de ne pas laisser passer toute l'information qui circule sur la toile. Par exemple, en Chine, le gouvernement, qui interdit l'accès à Facebook, a mis en place des filtres qui bloquaient les discussions portant sur les événements en Égypte, sur les réseaux sociaux de type Twitter. L'expression « fuite nucléaire » a ainsi été bannie en Chine dans les jours qui ont suivi le raz de marée au Japon et la prise de conscience de la situation à la centrale nucléaire de Fukushima. L'usage de certains mots comme *jasmine*, en référence à la révolution du Jasmin en Tunisie, bloque aussitôt l'utilisateur de microblogs. Pourtant, de nombreux anonymes appelaient à une révolte de type tunisien ou égyptien, avec pour mot d'ordre : *We want food, we want work, we want housing, we want fairness*.

De manière plus drastique, on peut même imaginer qu'un gouvernement décide de supprimer l'accès à Internet, en demandant à tous les fournisseurs d'accès d'interrompre leur activité. Alors que le peuple manifestait dans les rues pour qu'il démissionne, Moubarak avait pris cette décision, mais les internautes ont résolu le problème en se connectant avec des modems bas débit, qui nécessitent seulement une prise téléphonique. En dernier recours, un gouvernement peut décider de couper l'électricité. Mais celui qui pense que tout cela ne concerne que les autres, acceptera-t-il sans se rebeller lui-même de vivre plus d'une heure dans un monde sans électricité ?

Au passage, notons que cet épisode de l'arrêt d'Internet pendant cinq jours en Égypte a relancé le débat aux États-Unis sur l'étendue du pouvoir numérique dont doit disposer la Maison Blanche en cas de crise majeure, en particulier d'une attaque venant de l'étranger. Un projet de loi en ce sens doit être examiné au Sénat, visant à mettre entre les mains du président américain un « interrupteur » de la toile (*kill switch*). Pour les opposants à cette loi, la liberté d'expression et d'autres droits fondamentaux sont menacés. Dans un blog, Cindy

Cohn, la présidente de l'Electronic Frontier Foundation (EFF), dont j'ai dit qu'il constitue en quelque sorte le syndicat des utilisateurs du numérique, estime que « la leçon de l'Égypte est que personne, pas même le président des États-Unis, ne devrait avoir le pouvoir de débrancher Internet ». De toute manière, il est très difficile d'imaginer comment, pratiquement, un gouvernement pourrait débrancher Internet davantage que quelques jours, puisque les institutions, les entreprises et surtout les banques fonctionnent par l'intermédiaire de ce réseau. De nombreux formulaires ne sont plus disponibles que sur Internet, par exemple. Couper Internet revient alors à paralyser l'ensemble de la société.

Mais, par ailleurs, en quoi ce nouveau média présente-t-il une menace pour les gouvernements par rapport aux autres médias ? Est-ce l'immense pouvoir de mobilisation qu'il permet ?

Effectivement, malgré l'existence des processus de contrôle très fins que je viens d'évoquer, persistent des interstices dans lesquels des formes de résistance collective peuvent s'élaborer. Qu'il s'agisse de partager un apéro ou de renverser un régime, il est possible désormais de rassembler une foule innombrable en n'importe quel endroit de la planète dans le temps minimum nécessaire pour s'y rendre aussitôt. Les politiques n'aiment point trop cela, car il leur est devenu impossible de prévoir un événement potentiellement insurrectionnel et d'estimer le nombre de personnes qui s'y rendront. Avec Internet, la force de la masse est accrue par la communication immédiate.

En comparaison, regardons comment s'est développé le calcul des probabilités au XVIIe siècle… Le chevalier de Méré pose une question, Pascal lui répond, envoie une lettre à Fermat, Huygens apprend que Pascal et Fermat correspondent, il leur écrit et reçoit une réponse quatre mois plus tard... Mis à part le temps nécessaire pour résoudre les casse-tête qu'ils se proposaient mutuellement, imaginez le gain de temps si tous ces gens avaient été connectés sur Facebook ! Avec le développement d'Internet, l'histoire a subi une nouvelle accélération. Dans les années 1950 et 1960, il a fallu des années pour que l'Algérie gagne son indépendance ; en 2011, il a fallu trois semaines au peuple tunisien pour renverser le régime. Reprenons l'exemple de l'Égypte, où l'on voit bien le rôle de catalyseur qu'ont pu jouer les réseaux sociaux, en particulier Facebook. D'ailleurs, Wael Ghonim, chef de marketing de Google pour le Moyen-Orient et l'Afrique du Nord, qui est devenu l'un des symboles de la contestation en Égypte, a parlé de « révolution Facebook ». Cela à cause de l'importance de la propagande anti-Moubarak sur ce réseau social, de la mobilisation des citoyens qui en résulta.

Notons enfin que, selon Assange, le site WikiLeaks a joué également un rôle non négligeable dans cette révolution. Selon lui, des câbles tunisiens révélés par WikiLeaks et qui furent traduits en arabe par un quotidien libanais montraient qu'en cas de soulèvement populaire, les États-Unis étaient prêts à soutenir l'armée contre Ben Ali. Ce qui aurait encouragé à la fois l'armée et le peuple à renverser le pouvoir en place.

Autre exemple de solidarité internationale, dont nous avons déjà parlé : à partir du moment où WikiLeaks s'est trouvé menacé par les États-Unis, une centaine de « sites-miroirs » se sont créés dans des endroits variés de la planète, rendant ainsi impossible la destruction de ce site. Les hackers forment une communauté internationale, ils se reconnaissent les uns les autres, par-delà leurs nationalités respectives. C'est un phénomène assez comparable sur ce plan à la communauté des radioamateurs dans les années 1940 et 1950, où se tissaient des solidarités entre des personnes de nationalités américaine et russe, par exemple, par-delà les tensions de la guerre froide. Ce phénomène est bien entendu démultiplié avec le développement d'Internet.

Mais comment l'utilisation d'Internet change-t-elle les modalités de la révolte populaire ?

Les nouveaux moyens technologiques permettent véritablement de créer ce que j'appellerais un « cerveau collectif ». Grâce à la toile informatique, les idées les plus convaincantes se détachent des autres et apparaissent au grand jour. Évidemment, des théories fausses peuvent aussi se développer... Quand un problème est insuffisamment conceptualisé, on crée des « boîtes noires ». Dans la chaîne d'arguments grâce à laquelle on tente de fournir une explication du problème, cette boîte noire correspond à la partie du problème que l'on ne comprend pas. Or, une des façons les plus simples de fournir une explication là où celle-ci manque est de recourir à la thèse du complot.

Comme vous le savez, la thèse du complot a fleuri à propos de l'attentat du World Trade Center à New York, le 11 septembre 2001. Si je prends mon propre cas, et à l'heure qu'il est, je ne pense pas qu'il y ait eu dans cet événement davantage que ce qu'en dit sa version officielle : je ne pense pas qu'il existe un mystère ni quant à ses responsables ni quant à leurs motifs. D'une manière générale, pour que la thèse d'un complot puisse me retenir,

il faut d'abord que je me convainque de l'existence d'un mystère, autrement dit, que je découvre ou bien que l'on attire mon attention sur une anomalie. Or, dans ce cas-ci, la version officielle me semble, jusqu'à preuve du contraire – sauf sur des points de détail –, complète et cohérente.
Mais dans un cas parallèle, les premières photos d'un astronaute américain marchant sur la Lune, un ami, convaincu lui de l'existence d'un complot, avait fait preuve de persévérance et m'avait persuadé de la présence d'une anomalie : le rapprochement de deux des photos prouvait que les ombres portées ne pouvaient pas être dues à une source lumineuse lointaine – comme le Soleil – mais devaient être causées par une source proche – comme un projecteur dans un studio. Cela ne suffit pas à me faire croire que les Américains ne sont jamais allés dans la lune, simplement que les « premières photos » de leur alunissage sont truquées. Pour quel motif ? Je n'en sais rien : désir d'anticiper l'événement en ayant des photos « déjà prêtes » ? Faible qualité des vraies photos ? Autre pépin ?
L'assassinat de John Kennedy est une autre affaire : les anomalies abondent et donc le mystère vous est offert tout chaud, tout rôti. J'ai aimé en particulier *JFK*, le film d'Oliver Stone et je continue de prêter l'oreille à tout nouvel élément d'information. Il y a quelque temps, quelqu'un que l'on présentait comme un spécialiste du tir isolé expliquait à la radio que le recul d'un fusil tel celui censé avoir appartenu à Lee Harvey Oswald oblige à un certain réajustement sur l'objectif entre chaque décharge, ce qui interdit un rythme aussi rapide que celui des balles qui furent effectivement tirées. Grande fut ma surprise quand le reporter révéla l'identité de ce nouveau témoin à charge dans la

thèse du complot : nul autre que le président de la République cubaine, ayant ainsi trouvé un moyen d'occuper sa longue convalescence !

Les vrais complots existent bien entendu : il arrive que des gens se réunissent en secret et décident d'agir ensemble et dans l'ombre. Toutefois la vulnérabilité de la thèse du complot, c'est que son économie fait d'elle une explication par défaut tentante dans tous les cas envisageables. En effet, si l'on ignore une partie importante de la manière dont quelque chose fonctionne, il est extrêmement pratique de remplacer le bout d'explication manquant par l'action supposée de quelques hommes ou femmes résolus. Il est même possible, dans les cas où l'on ne comprend absolument rien du tout, de produire comme explication globale la volonté de quelques personnages déterminés, voire même celle d'un seul. Je mentionnerai dans le premier cas les religions « polythéistes » et dans le second les religions « monothéistes ».

Si la chose que l'on cherche à expliquer est néfaste et que l'on nourrit du ressentiment à l'égard d'un groupe particulier, il est très tentant, du point de vue de l'affect, de supposer à la place du mécanisme réel – qui peut être extrêmement complexe – la conspiration d'un certain nombre des tristes sires en question. Ainsi les maux qui affligeaient la république de Weimar avaient plusieurs origines et il était beaucoup plus économique de leur supposer comme cause unique un complot tramé par « les Juifs ». Dans la crise que traversent en ce moment les États-Unis, personne à ma connaissance n'a formellement accusé les Chinois mais la promptitude avec laquelle la presse locale rapporte tout incident relatif à de la nourriture pour chat contaminée ou à la peinture au plomb utilisée dans la confection de marionnettes m'inquiète énormément pour la suite. Mes lecteurs savent que la Chine a effectivement une part de responsabilité dans la crise mais rien que l'on puisse véritablement lui reprocher : en achetant de vastes quantités de *mortgage-backed securities* elle a contribué à maintenir des taux d'intérêt américains très bas, soutenant la consommation des ménages et alimentant ainsi indirectement la bulle immobilière[6].

On aura compris que j'accueille avec une très grande prudence toute explication en termes de complot.

Avez-vous dans vos propres recherches tenté de comprendre le succès des théories du complot ?

J'avais eu l'occasion de réfléchir à la question de manière approfondie à l'époque où j'étais chercheur en intelligence artificielle (IA). J'avais développé dans le cadre du laboratoire d'IA des British Telecom un logiciel intitulé ANELLA (*Associative Network with Logical and Learning Abilities*). Celui-ci apprenait en posant des questions et en stockant en mémoire sous forme d'un graphe les mots constituant l'explication. Il pouvait ensuite les réutiliser et produisait – en suivant un gradient qui simulait l'affect – des raisonnements ayant une tournure logique. Or, j'avais découvert un moyen très simple de faire souscrire ANELLA à la thèse du complot : il suffisait que le graphe que constituaient ses connaissances ne soit plus entièrement connecté, l'obligeant à se dédoubler en deux graphes autonomes sans passage possible de l'un à l'autre. Toute explication était donc nécessairement *locale* puisque confinée dans l'un des deux graphes. Le point d'entrée déterminait à partir duquel l'explication serait produite. Celle-ci était alors éventuellement

à l'emporte-pièce parce qu'elle ignorait certains éléments d'information dont elle aurait eu besoin mais qui étaient stockés dans l'autre graphe. Du fait de la lobotomie que je lui imposais, ANELLA était forcé de réinventer la thèse du complot !
En réalité, ce comploteur, sûr de lui, qui planifie tous ses mouvements, qui agit au moment décisif et parvient toujours à ses fins, est-ce que ce n'est pas l'envers de nous-même ? Ou encore mieux : n'est-ce pas la figure que nous aimerions être, ce qu'en psychanalyse on appelle « le Moi idéal » ?
À côté des théories du complot, Internet permet aussi l'émergence d'explications correctes.

Revenons sur l'idée qu'on ne peut pas prévoir l'ampleur d'un événement relayé par Internet. Pourrait-on, de manière métaphorique, appliquer la théorie du chaos à l'usage d'Internet ? De la même manière qu'un battement d'ailes de papillon peut déclencher une tempête à l'autre bout de la planète, ce qu'écrit un individu lambda sur la toile ne peut-il engendrer des événements importants et non prévisibles à un autre point de la planète ?

Oui, tout à fait : il s'agit de phénomènes non linéaires qui se caractérisent par de très nombreuses interactions et des effets de seuil. Rien ne s'y passe jusqu'à ce que tout à coup, parce que la valeur d'une variable dépasse un certain seuil, un élément se modifie brutalement, non pas quantitativement, mais qualitativement. Comme une machine à vapeur dont la soupape de sûreté est défectueuse : après l'explosion, elle ne ressemble plus à ce qu'elle était avant !
Dans la crise américaine des *subprimes*, ces prêts hypothécaires à risque parce qu'accordés à des emprunteurs moins fiables dont on exige en compensation un taux plus élevé, les titres composés de ces crédits ont constitué des zones de fragilité

« Avec Internet, la force de la masse est accrue par la communication immédiate » à l'intérieur du système financier en raison de ramifications diverses les liant avec d'autres parties du système. Durant l'été 2007, par exemple : rien ne se passe en surface, et puis, soudainement, la quasi-totalité des banques est insolvable, du jour au lendemain. Et cela parce qu'un processus souterrain était à l'œuvre, et progressait à l'insu de tous : la disparition de la confiance entre les banques se soupçonnant – à juste titre d'ailleurs – les unes les autres de cacher des titres adossés à des crédits *subprime* dans leurs portefeuilles. Quand Lehman Brothers tombe à l'automne 2008, c'est le marché du *money market*, de la dette à très court terme, qui explose, ce que personne n'avait prévu. De tels phénomènes non linéaires sont favorisés par la globalisation, par la complexification et l'interconnexion généralisées de tous les systèmes.

Au niveau politique, la globalisation engendre aussi des situations inédites. Autrefois, on pouvait isoler tel type d'insurrection populaire ou telle révolution de palais, comprendre sa logique propre. La situation est toute différente aujourd'hui : c'est le même système économique et financier que la terre entière se partage. De Chicago à Shanghai, en passant par Londres, les capitaux circulent librement, guidant la spéculation vers le marché où elle est conjoncturellement la plus profitable. La spéculation sur le prix du blé sur le marché à terme de Chicago pousse le prix du pain au-dessus d'un seuil à Tunis, faisant descendre les Tunisiens dans la rue, avec les conséquences que l'on sait.

Quand l'Union soviétique s'effondre en 1989, tous les commentateurs s'accordent à dire que l'événement était inévitable à cause des fragilités de ce système : bureaucratie tentaculaire, espionnage généralisé, dirigisme d'État, etc. Or, à partir de

2007-2008, on s'aperçoit que les sociétés occidentales démocratiques sont minées par le même type de problèmes ! Simplement, le capitalisme bureaucratique d'État propre à l'URSS, parce qu'il était plus rigide, a fait apparaître plus tôt qu'ailleurs les mêmes difficultés économiques liées à la complexité. Se pose alors la question de savoir s'il n'y a pas un rapport entre la faiblesse qu'on décrivait dans l'Union soviétique et la faiblesse du système capitaliste, en particulier américain, qui apparaît dix-huit ans plus tard. À l'échelle de l'histoire humaine, dix-huit ans ce n'est rien, et il est fort probable que ces deux événements seront vus *a posteriori* comme quasiment simultanés...

Dans les systèmes occidentaux, plus souples, les déséquilibres pouvaient être temporairement masqués par des phénomènes de « bulles » économiques. Ce terme signifie que le prix d'un produit sur un marché spécifique décolle – en raison de la formation d'une tendance – par rapport au prix combiné de ses différentes composantes. On comprend cela très bien dans le cas d'une maison : quand il y a développement d'une bulle immobilière, le prix d'une maison cesse de correspondre à une combinaison du prix du terrain et de celui de la construction. Mais quand la tendance s'inverse, quand il y a soudain davantage de vendeurs que d'acheteurs – généralement parce qu'il existe des dettes qu'il faut apurer ailleurs –, la bulle éclate. Le prix retourne, comme on dit, vers ses fondamentaux, comme je l'ai expliqué : le prix combiné de ses différentes composantes.

Pouvez-vous rappeler ce qu'est une bulle financière ?

Une bulle financière, c'est ce que l'économiste américain Robert Shiller a appelé une « machine de Ponzi spontanée », du nom de l'escroc italo-américain Charles Ponzi, qui fut l'auteur aux États-Unis de la plus grande *cavalerie* de tous les temps en 1919 et 1920. Dans une cavalerie, qu'on appelle aussi « pyramide », on transfère aux premiers entrants, comme profits prétendus d'opérations commerciales légitimes, les sommes apportées par ceux qui se joignent ensuite. Les profits mirifiques ne sont bien sûr assurés qu'aussi longtemps que les nouveaux souscripteurs contribuent d'affluer. Dans le cas récent de la cavalerie de Bernard Madoff, qui fut démasqué en décembre 2008, l'exigence que les nouveaux candidats soient parrainés, et la file d'attente de plusieurs mois pour accéder au « fonds », contribuaient à créer l'atmosphère feutrée d'un club très sélect. L'opération aurait pu ne jamais s'interrompre. C'est le fait que certains gros souscripteurs essuyèrent des pertes importantes sur des comptes situés ailleurs, en raison de la chute de Lehman Brothers à la mi-septembre 2008 et de l'effondrement total du système financier qui s'ensuivit, qui fit exploser la splendide cavalerie de Madoff.

Il n'est pas anodin de remarquer l'apparition de bulles économiques et de mécanismes de cavalerie dans les pays tout juste sortis du capitalisme d'État de type soviétique et convertis au capitalisme après 1989 : voyez l'Albanie, la Roumanie, etc.

Les systèmes non linéaires sont aussi appelés « complexes ». Comment définissez-vous la complexité du système financier ?

Prenons l'exemple de l'écroulement qui a lieu à l'automne 2008. Tout commence avec la crise des CDO (ou *collateralized debt obligations*), qui sont des obligations composées de 100 à 150 « tranches », c'est-à-dire des subdivisions de titres qui sont eux-mêmes sécurisés par des ensembles d'actifs et notamment des crédits de type *subprime*. Ces produits comportent un risque de crédit – de non-remboursement – dû au fait que tous les emprunteurs dont les crédits sont ainsi consolidés en une énorme obligation ne seront pas à même de faire la totalité des versements d'intérêts ou de remboursement du principal auxquels ils sont astreints.

Le risque de crédit de ces CDO est évalué par des agences de notation, ce qui en réalité, en raison de la complexité de ces instruments financiers, est impossible. On sait modéliser des interactions de particules élémentaires en physique, mais pour ce type de produits la science est incapable d'établir des modèles valides. Ce qui n'a pas empêché non plus que l'on crée des « CDO au carré », des CDO composés de « tranches » d'autres CDO !

Pourquoi a-t-on attribué des notations de risque de crédit à des produits financiers dont il était impossible de calculer le risque ? Selon une logique perverse due au fait que les agences de notation sont des compagnies privées. Elles ont chacune raisonné de la façon suivante : « Je ne vais quand même pas abandonner ce business juteux à mes concurrentes, sous prétexte que personne n'y comprend rien. » On a « mesuré » le risque indirectement, à l'aide de matrices de corrélations qui, en cas de crise, perdaient toute signification du jour au lendemain. Avec les conséquences bien entendu que l'on peut imaginer, et que l'on a pu observer.

Quand j'ai un jour posé la question sur un cas similaire à l'une des grandes firmes comptables, vous savez ce qui m'a été répondu ? Je paraphrase : « Chacun en est au même point. On peut considérer du coup que l'ignorance est la "norme industrielle" pour ce type de produits. » Vous comprenez ce que cela veut dire ? Un des grands credos du catéchisme financier a pour nom « symétrie de l'information » : que chacun en sache exactement autant que les autres. Or, dans ce cas-ci, comme personne n'en sait rien, eh bien, tous sont effectivement traités de la même manière. Que le problème qui se posait n'avait rien à voir avec une question de transparence parce que c'était un problème de gestion de risque, personne ne le voyait, ou en tout cas, tout le monde prétendait ne pas le voir ! Quand le risque d'effondrement général est apparu, les agences de notation réévaluaient les CDO chaque semaine, mais il était bien sûr trop tard pour enrayer la chute.

Les États occidentaux seraient-ils entrés dans des régimes de complexité du fait de ce capitalisme si mal en point ?

On m'objecte souvent qu'il n'y aura pas de réelle prise de conscience par la majorité du fait que le capitalisme est à l'agonie tant que le journal de TF1 n'en aura pas parlé. Celui-ci est comme vous le savez le plus regardé en France. Or, justement, on a pu voir au JT de TF1 un reportage excellent qui expliquait la spéculation sur les prix des matières premières dans le monde et en soulignait les conséquences nocives. Cela n'est pas rien. Quand un sujet pareil commence à intéresser les spectateurs de TF1 (*a priori* pas des révolutionnaires) et que la rédaction de TF1, tout aussi peu révolutionnaire, ressent la nécessité d'informer son public sur la question, c'est bien que quelque chose est en train de se passer.

Quand un système a atteint un niveau d'instabilité tel que son effondrement est inéluctable, il entre en mode *critique*. Le moment de la cassure est cepen-

dant imprévisible, il constituera un événement *critique* dont l'irruption apparaît soudaine précisément parce qu'elle ne pouvait pas être prévue. C'est ce que résume la phrase de Mao Zedong : « Une étincelle peut mettre le feu à la plaine », et il faudrait ajouter : « une fois entrée dans le mode *critique* ». Le 14 juillet 1789 est un bon exemple de ce type d'événements.
D'une certaine manière, le fait que la rédaction de TF1 aborde soudain le sujet de la spéculation sur les matières premières, qui ne correspond pas à sa ligne éditoriale traditionnelle, est lui aussi un événement *critique*. L'intérêt pour le sujet apparaît tout à coup suffisant pour qu'ils décident d'en parler, à ce moment précis et pas avant.

Mais les événements non-linéaires ne restent-ils pas difficiles à comprendre en sciences humaines ?

En situation prérévolutionnaire, un sentiment d'injustice se développe. Mais cela ne veut pas dire pour autant que les personnes qui passent à l'acte aient une conscience précise de ce qu'il convient de faire pour résoudre la situation. On l'a vu dans le cas de la Tunisie : on commence par garder certains ministres du gouvernement en place, on rappelle des personnalités de l'opposition… Ces situations sont tout à fait de type chaotique, au sens mathématique du terme : on se trouve sur des lignes de crête et il suffit d'une toute petite variation pour que la situation évolue dans un sens ou dans l'autre. Cela rappelle les modèles qui ont été établis sur le chargement d'un bateau de fret. On a mis en évidence des situations extrêmement proches les unes des autres, or dans certaines d'entre elles le bateau se stabilise, dans d'autres il chavire. À un certain niveau de chargement, l'issue de la situation (stabilité ou instabilité) n'est pas décidable : il faudrait connaître le comportement de chaque molécule d'eau, ce qui est impossible. Eh bien, c'est la même chose avec les comportements humains. C'est pour cette raison qu'aucun analyste n'a été capable de prévoir les bouleversements de régimes en cascade, de la Tunisie à l'Égypte, etc. Au moment d'une révolution, seule l'institution d'une nouvelle constitution peut rétablir la linéarité dans un pays – ce qu'avait très bien vu Saint-Just à partir de 1792.

Mais Internet peut-il jouer un rôle de catalyseur dans telle ou telle révolution ?

Une révolution peut très bien se faire sans utiliser Internet. Néanmoins, on constate dans l'histoire la coïncidence fréquente entre une transformation politique et une mutation technique. Alexandre Kojève disait : « La Révolution chinoise, c'est l'introduction du Code Napoléon en Chine », et cela rappelle d'autres boutades, comme : « Le communisme soviétique, c'est l'introduction de l'électricité en Asie centrale », je crois me souvenir que c'est André Gorz qui avait écrit cela. Mais ces formules contiennent une part de vérité : avec l'apparition du Code Napoléon se crée dans toute l'Europe un nouveau cadre qui vient remplacer le cadre féodal. Et tout le monde s'en rend compte. Par exemple, quand l'Allemagne se libère du joug français et redevient indépendante, elle décide malgré tout de garder le Code Napoléon, qui est un progrès car il libère les rapports juridiques entre les individus. De même, quand l'occupation nazie s'achève dans de nombreux pays européens en 1945, on conserve cependant les autoroutes qui ont été créées.

Par ailleurs, ces insurrections sont le fait de jeunes. Peut-on analyser la situation en termes de générations ?

Les jeunes sont de gauche. Plus tard la rigidité s'installe. Ce qu'on appelle l'« expérience » y est pour quelque chose : on tire des leçons de ce qui s'est passé dans sa vie. Si la pusillanimité ou la lâcheté vous ont un jour tiré d'affaire, vous vous convainquez qu'il s'agit d'une excellente tactique et vous tentez même d'en convaincre les autres. Or, c'est un principe élémentaire de la logique : on ne peut pas généraliser à partir d'un cas unique. C'est cela qui fait que, comme les psychologues expérimentaux l'ont mis en évidence, nous sommes la seule espèce à persister systématiquement dans l'erreur.

Les jeunes générations sont nées dans un univers informatique. Les jeux vidéo, par exemple, ont toujours existé pour eux, alors que j'ai fait moi partie de la toute première génération d'utilisateurs de l'ordinateur personnel : si vous vouliez que votre ordinateur fasse quelque chose, il fallait que vous en écriviez le logiciel vous-même ! Aujourd'hui, mis à part les hackers et les programmeurs professionnels, personne n'écrit plus de logiciel !

Mais il y a un autre phénomène intéressant. L'automatisation informatique et la robotisation font que peu d'emplois se créent : la génération des baby-boomers est protégée contre les licenciements abusifs et reste en place jusqu'à la retraite. Aux États-Unis, les baby-boomers ont cessé de prendre leur retraite, accentuant le problème. Il faut dire qu'ils n'ont pas le choix : le système de pensions est réduit là-bas à la part congrue, et leurs économies, dont 60 % étaient placés dans l'immobilier résidentiel, ont été balayées par la crise.

Les jeunes générations ne peuvent pas entrer dans le marché de l'emploi alors que, à part les revenus du capital dont ne bénéficient véritablement que les 5 % prédateurs de la population, les revenus qui permettent de vivre sont procurés par le travail. Ce phénomène d'une société bloquée a bien été étudié par des sociologues comme Louis Chauvel, constatant récemment dans *Le Monde* que « les jeunes sont mal partis », mais il n'y a pas que les jeunes qui soient mal partis : c'est simplement que les jeunes – à quelques exceptions près – font partie des 95 % de la population qui ont besoin de travail, alors que le travail est en voie de disparition. Le fait que le travail disparaisse est bien sûr en soi une bonne chose, mais à condition que la création de richesse soit répartie équitablement, ce qui est malheureusement de moins en moins le cas.

Donc, dans le marasme économique actuel, il n'y aurait pas selon vous de responsabilité portée par une génération en particulier ?

Nous sommes tous aveuglés par ce que Hegel appelait la « ruse de la raison » : nous sommes pris dans des processus historiques, mais sans en comprendre la signification globale, parce que nous avons « le nez dans le guidon » de notre stratégie de survie personnelle. Personne (sauf une poignée de « grands hommes », selon lui) ne peut s'identifier suffisamment à l'histoire pour comprendre où sa marche la mène.

La fameuse « main invisible » du marché, théorisée par Adam Smith, a dû exister à un moment de l'histoire, disons jusqu'au milieu du XIXe siècle. En poursuivant nos intérêts égoïstes, nous contribuons selon lui au bien-être général… Cette loi a cessé d'être valide, justement en raison de l'intervention de ces non-linéarités apparues avec la complexité : là où il y avait autorégulation (ce que le physicien appelle « rétroaction négative » : une tendance de la part du système perturbé à retourner vers son état antérieur), il y a maintenant amplification de la perturbation (« rétroaction positive ») entraînant le système vers sa destruction. Dans les situations de crise, certains individus ou entités sont amenés à agir de manière délibérée contre l'intérêt général pour tenter de se sauver : ce fut le cas par exemple de Goldman Sachs et de Deutsche Bank qui, dans une situation financière désespérée, ont tenté de se refaire en pariant sur l'effondrement généralisé de l'appareil financier, contribuant bien entendu, du coup, à précipiter sa chute.

Les blogs,
entre subv
et informa

Les blogs, entre subversion et information

En quoi Internet constitue-t-il, pour vous, un « cerveau collectif » qui s'alimente à des sources innombrables dispersées aux quatre coins du globe ?

Si je décide de faire une carrière universitaire, de longues années s'écouleront avant que je ne puisse créer mon propre centre de recherches, et encore bien des années plus tard, ce centre aura pris suffisamment d'ampleur pour que je puisse me permettre de créer un *think tank* sur des questions qui me préoccupent, après avoir trouvé des financements suffisants. Ce processus est très long et extrêmement coûteux. À l'inverse, si je crée un blog et qu'on me lise, j'ai la possibilité en un an ou deux – si j'extrapole à partir de ma propre aventure – de fonder à la fois un centre de recherches et un *think tank*, en n'ayant à mobiliser, il faut le souligner, que des moyens financiers d'un montant dérisoire. En outre, contrairement à une équipe de recherche ou un *think tank*, on n'opère sur un blog aucune sélection involontaire des participants ou de leur nombre. On évite comme cela la création de chapelles protégées par des mécanismes de cooptation, qui imposent des filtres, et qui finissent par ne produire que des systèmes de pensée qui dégénèrent rapidement en raison d'une consanguinité intellectuelle trop élevée.

Grâce à un effet de réaction en chaîne, la démultiplication des contributeurs peut être extrêmement rapide, car chaque personne intéressée par la thématique traitée dans le blog peut signaler le site à plusieurs personnes de sa connaissance, et ainsi de suite… Dans le cas, par exemple, de la catastrophe nucléaire de Fukushima, qui a débuté en 2011 à la mi-mars, le blog a spontanément rassemblé en l'espace d'une semaine une demi-douzaine d'experts du nucléaire civil, en raison simplement de la qualité des commentaires des premiers intervenants, et de la réputation du « Blog de Paul Jorion » de manière générale. Si bien qu'on a pu dire du blog – dont ce n'était pas la vocation initiale, qui était, je vous le rappelle, la finance et l'économie – qu'il était devenu le principal espace de discussion du nucléaire civil dans le monde francophone.

Ce qu'on a vu à l'œuvre ici, c'est la fameuse « règle des 6 » ou règle de Karinthy, selon laquelle chacun d'entre nous peut être connecté à n'importe quelle autre personne de la planète en suivant une chaîne de connaissances ne contenant pas beaucoup plus de cinq intermédiaires. La seule limite à ce processus, outre la langue partagée, est la planète elle-même ! J'ai souvent dialogué sur mon blog avec un contributeur installé au Japon, que je n'aurais sans doute jamais pu rencontrer autrement... Sur la question de la monnaie, par exemple, qui était viciée sur Internet par l'existence d'une légende urbaine tenace, les discussions communes sur mon blog ont permis d'éclaircir la question une fois pour toutes. J'ai résumé dans un livre[7] l'ensemble des contributions, mentionnant le nom des principaux « défricheurs ». Un tel livre n'aurait jamais pu voir le jour sans l'existence d'Internet !

Qui sont les gens qui contribuent régulièrement à votre blog, sont-ils d'origines sociales diverses ?

Oui, bien sûr, ils sont d'origines diverses mais pour ceux qui entrent véritablement dans la discussion, une sélection se fait bien entendu d'elle-même, en termes de compétence. Quand ils ne sont pas des spécialistes de la finance ou de l'économie, lesquels sont rares parmi les commentateurs du blog, les participants sont majoritairement issus des professions libérales – ingénieurs, juristes, médecins, beaucoup d'informaticiens aussi. Soit des gens habitués à la fois à raisonner et à utiliser la méthode expérimentale : si vous êtes médecin et que vous ne rendez pas la santé aux gens, vous ne le resterez pas longtemps… Idem pour l'ingénieur – ses ponts ne doivent pas s'écrouler – ou le juriste – ses discours ou écrits doivent convaincre. Les gens qui sont dans la finance me contactent plutôt par e-mail, car ils veulent être sûrs de pouvoir engager une conversation confraternelle : il est toujours possible sur le blog, vu le nombre de commentaires (il y a des pointes de plus de 1 000 par jour), qu'un d'eux m'échappe ; ils sont tout aussi pragmatiques bien sûr que les autres contributeurs et se méfient en général de la pensée économique, trop abstraite. Le noyau dur du groupe de réflexion est de 25 personnes, et autour d'elles, à peu près 200 personnes interviennent plus occasionnellement.

Quant aux lecteurs du blog en général, ce sont souvent des personnes qui travaillent dans les banques ou la finance. Par exemple, si l'on regarde la carte de la Suisse, on constate que très peu de lecteurs de mon blog sont situés dans la partie francophone, et que la grande majorité se trouve dans la partie germanophone. C'est paradoxal bien entendu, vu la barrière de la langue ; la raison, c'est que la plupart d'entre eux sont à Zurich, grand pôle de la finance.

Les blogs constituent désormais un genre bien installé dans le paysage médiatique. En quoi l'apparition des blogueurs vient-elle concurrencer le journalisme traditionnel ?

N'importe qui peut aujourd'hui créer un blog, et d'une certaine manière même Facebook peut être vu comme un ensemble de mini-blogs interconnectés. Dans ce cas-là, votre blog fonctionne même si vous n'avez que trois amis sur votre compte Facebook. Cela dit, pour qu'un blog fonctionne, il faut qu'il y ait un vrai public, lecteurs et commentateurs, et c'est seulement à cette condition que le blog continuera de vivre.

On évalue le succès d'un blog au nombre de visiteurs, mais aussi au nombre de commentaires, et enfin au nombre de fois où les billets de votre blog sont cités par des sources extérieures. Quand Wikio fait son « top » des blogs, il fonde son calcul sur un algorithme qui prend en compte le nombre et la valeur des liens qui pointent vers chaque billet, la « valeur » d'un lien étant plus grande si celui-ci provient d'un autre blog situé en haut du classement. Tout cela rend compte d'un certain degré de notoriété.

Les quotidiens et les périodiques essaient de récupérer les blogs qui marchent, en leur offrant d'être hébergés sur le site web de leur journal. C'est une logique de « un prêté pour un rendu », dans la mesure où le blogueur hébergé par le site d'un journal n'a pas à payer le prix que demande un serveur ; et en contrepartie le journal peut bénéficier de la notoriété éventuelle du blog. Mais ce qui est intéressant, c'est que depuis peu, ces blogs hébergés sont en perte de vitesse. Ce sont les blogs indépendants qui apparaissent en tête des classements. Il semblerait que le journalisme web ne se marie pas bien avec les blogs, que ce n'est pas la bonne combinaison. Honnêtement, je ne sais pas vraiment pourquoi, peut-être un « mini-culte de la personnalité » du blogueur ou de la blogueuse, qui fait qu'il faut choisir entre le *brand* d'un blogueur et celui d'un organe de presse, le double *brand* produisant une « dissonance cognitive » chez le lecteur.

Ou alors, l'autocensure involontaire des blogueurs hébergés, qui se modèrent eux-mêmes par respect pour leur hébergeur, quelle que soit la carte blanche que celui-ci leur a cependant octroyée, autocensure que le lecteur perçoit alors. Ou alors, une censure beaucoup plus drastique des commentaires dans le cadre d'un blog hébergé par un quotidien ou un périodique, qui décourage les commentateurs : les blogueurs indépendants font de ce point de vue absolument ce qu'ils veulent. Difficile à dire.

Mon blog est classé n° 1 en économie par Wikio à deux exceptions près depuis plus de deux ans. Il y a eu un pic à 120 000 lecteurs distincts par mois en mai 2010, au sommet de la crise de la zone euro liée à la dette grecque. La moyenne mensuelle de lecteurs est en ce moment (avril 2011) de 94 000. Il n'y a pas beaucoup de concurrence, et cela est lié d'une certaine manière à l'existence même du palmarès de Wikio : il y a un effet « le vainqueur rafle toute la mise ». Les internautes vont se concentrer là où on leur dit que se trouve le « top » et l'écart se creuse entre le premier et les autres, c'est l'histoire du cycliste qui dans la montée se détache du peloton. Si mon blog reste en tête, derrière, le changement est constant de mois en mois. Mais il faut assurer la maintenance : pour que le blog continue à être suivi par les internautes, il est essentiel de le faire vivre : sur mon blog, il y a en moyenne trois billets nouveaux par jour, pas tous écrits par moi, Dieu merci, et comme je l'ai dit, une discussion permanente. Il y a eu l'époque où on aurait pu fermer les volets entre minuit et 7 heures du matin, plus maintenant : il n'est pas rare pour celui qui ouvre la boutique le matin, Julien Alexandre ou moi, de trouver cinquante commentaires à modérer.

La liberté d'expression des blogueurs peut inquiéter. D'où peut-être la volonté récurrente de nombreux gouvernements, dont récemment la France, de légiférer les pratiques sur Internet ?

Oui. On justifie cette « nécessité » de légiférer à cause du piratage de biens qui relèvent de la propriété privée (films, musique, photos, etc.). Mais ce qui préoccupe aussi bien sûr, c'est la liberté d'expression qui est perçue par les dirigeants comme une menace. Souvent, on entend l'argument que l'information serait de mauvaise qualité… Mais où est le problème ? Il y a toujours eu de l'information de mauvaise qualité. Non, en réalité ce qui fait peur c'est que sur Internet l'information circule très rapidement et de manière non maîtrisable. Alors que dans la presse classique, les journaux appartiennent à de grands groupes financiers… Pour autant, les journalistes de la presse écrite ne sont pas censurés par les propriétaires de leurs journaux. C'est plutôt que sur certains sujets, les journalistes s'autocensurent afin de garder leur travail. Sur les blogs, il n'y a pas de censure de cet ordre-là.

Entre 80 000 et 100 000 lecteurs par mois en moyenne sur votre blog : ce chiffre vient-il dire qu'on trouve sur les bons blogs ce que n'offre plus le journalisme traditionnel ?

Vous connaissez sans doute le livre récent (2008) du linguiste italien Raffaele Simone, intitulé : *Il Mostro Mite : perché l'Occidente non va a sinistra*. Le titre original sous-entend la question « Pourquoi la gauche s'effondre-t-elle ? », pourtant l'ouvrage a été traduit sous le titre suivant : *Le Monstre doux : l'Occident vire-t-il à droite ?* On voit bien là qu'il y a deux façons de voir un même phénomène : soit on considère que la droite monte, soit on se dit que la gauche s'effondre. C'est la même chose si on compare les rapports entre blogueurs et journalistes. Dans le cas de la presse financière francophone, au moment fort de la crise des *subprimes*, elle a été prise par surprise : on n'avait pas l'habitude d'entrer dans des descriptions et des explications aussi détaillées de ce qui se passait dans la finance américaine : les articles reprenaient essentiellement les dépêches d'agences de presse, c'est-à-dire qu'il n'y avait pas véritablement de valeur ajoutée, pas de travail d'investigation. Quant à moi, je commence mon blog au tout début de la période d'effondrement : en février 2007, quand les titres *subprime* amorcent une décote spectaculaire. Il faudra encore dix-huit mois pour que le grand public, c'est-à-dire les profanes en matière de finance, prennent la mesure de la catastrophe qui est en train de se dérouler. Non seulement je me trouve aux États-Unis – et j'y resterai encore plus de deux ans –, c'est-à-dire que j'ai accès à des données, des newsletters, etc. beaucoup plus difficiles à trouver en France, mais je me trouve aussi dans une situation d'observateur privilégié puisque je travaille en tant qu'expert dans le domaine de la valorisation des crédits et la validation des modèles financiers, et ceci dans la banque qui est devenue à cette époque le principal émetteur de titres *subprime*. Je suis donc à cet instant une sorte de correspondant de guerre sur le front des *subprimes* ; j'y travaille le jour, mes collègues m'apportent des informations, non seulement parce que c'est leur métier, mais parce que certains d'entre nous commençons à nous passionner pour les événements dramatiques qui sont en train de se dérouler – il n'est pas exagéré de dire que nous avons conscience de vivre des moments historiques –, et j'utilise cette expérience et ces données pour écrire mon blog le soir. Le fait que les

« Ce n'est pas le niveau du journalisme qui baisse, c'est le niveau des blogs qui monte ! »

radios et les télévisions québécoises me font souvent commenter l'actualité en direct renforce ce sentiment. Pas étonnant que je dispose d'un avantage par rapport à un journaliste assis dans un bureau à Paris, Bruxelles ou Genève !

Dans un cas comme celui-ci, le blogueur propose des matériaux inédits issus d'une enquête que ne peut pas s'offrir un journal ou un magazine, parce que celui-ci n'en a ni le temps, ni les moyens. Ce n'est donc pas le niveau du journalisme qui baisse, mais le niveau des blogs qui monte ! Ou plutôt d'un blog particulier. La question ensuite, c'est de tirer parti de la notoriété acquise pour asseoir sur une base permanente un blog qui aura acquis sa propre personnalité.

Justement, quelle a été l'évolution de votre blog ? Comment avez-vous trouvé des collaborateurs ?

Quand les commentaires de mes billets sont devenus nombreux – ce qui n'a pas été le cas durant la première année – j'ai fait monter en grade des commentaires qui avaient la qualité nécessaire pour faire des billets de réflexion ou d'information en soi : ce que j'appelle les « billets invités ». J'ai aussi invité des commentateurs qui apportaient une plus-value constante à accéder au statut de chroniqueurs permanents ou semi-permanents, comme c'est le cas de François Leclerc, qui a rédigé des dépêches d'agence à une époque, et qui s'est mis à le refaire dans le cadre du blog, ou Pierre Sarton du Jonchay, qui a entamé une réflexion de longue haleine sur la recréation d'un ordre monétaire international.

L'avantage d'un blog, c'est qu'il constitue un réseau actif à l'échelle du globe : seule la langue fait barrage, mais j'ai récemment ressuscité le blog en anglais que j'avais dû négliger en raison du succès de la version française qui absorbait toute mon attention et toute mon énergie. Une autre qualité, c'est sa flexibilité bien sûr. La dénomination « Blog de Paul Jorion » ne m'oblige à rien – même si j'affronte à l'occasion un commentateur qui s'emporte : « Ce blog dépasse ses prérogatives ! Il trahit sa vocation ! » Je ne réponds pas « De quoi je me mêle ! », mais je n'en pense pas moins : charbonnier maître chez soi ! Rien ne m'oblige à me cantonner dans la finance parce que c'est comme cela que le blog a démarré, ou à le rendre généraliste. Je crois que beaucoup de blogs perdent leur âme par excès d'introspection : parce que le blogueur ou la blogueuse se dit « C'est le facteur *X* ou *Y* qui fait mon succès ! » et s'y recadre. Alors que le monde continue de changer autour de lui ou autour d'elle. Le 14 mars 2011, quand on a pris toute la mesure de la tragédie qui se dessinait à la centrale nucléaire de Fukushima, je me suis mis spontanément à en parler, et François Leclerc aussi, alors qu'il était sur tout autre chose à cette époque : concentré sur la crise de la zone euro. On ne s'est pas demandé non plus « Est-ce bien la chose à faire ? », non, c'était effectivement la chose à faire et, tout à fait spontanément, c'est ce qu'on couvrait.

Le « bon blog » serait donc celui qui propose des débats inédits ?

Quand on jette un regard en arrière, on s'aperçoit que sur le « Blog de Paul Jorion », on lance des débats sur des sujets dont on ne débat pas ailleurs parce qu'ils sont considérés comme des choses qui « vont sans dire », comme par exemple, ce qu'on appelle la « création monétaire » par les banques commerciales (et qui, en réalité, n'a rien à voir avec de la « création » : c'est un tout autre phénomène),

ou bien ce que veut vraiment dire Cantona quand il appelle à ce que les gens retirent leur argent des banques – au lieu de se contenter de pousser des cris d'orfraie à propos de son appel, comme l'a fait l'ensemble de la presse, à la suite de certains ministres d'ailleurs, comme il a été dit tout à l'heure ! Mais encore une fois, trop s'interroger nous desservirait ici aussi : si on se disait « Où un débat manque-t-il ? » on s'engagerait également rapidement sur des voies de garage. La recette de ce qui marche, c'est la spontanéité, et pour elle, il n'y a justement pas de recette !
Les informations disponibles sur le blog ne ressemblent du coup pas à ce qui se fait ailleurs, et c'est ce qui en fait l'intérêt. Je compare souvent cette aventure au petit journaliste dans les westerns, qui est tout seul pour mener l'enquête dans sa petite ville, pour écrire ses articles et imprimer *in fine* son journal. Son rôle est de sortir sa gazette locale en situation de désordre, en dénonçant les scandales, en produisant des papiers au plus près du terrain. Le blog, c'est un peu cela, c'est un retour à une époque antérieure à celle que connaît actuellement la presse écrite. Et ce que nous faisons en France trouve des équivalents dans chaque pays, sur le domaine économique et financier : voyez les blogs Zero Hedge ou Naked Capitalism aux États-Unis, qui sont aujourd'hui de véritables poids lourds de la politique. Évidemment tout se fait à une autre échelle aux États-Unis : le chiffre des ventes d'un best-seller en France ne fait pas le poids aux États-Unis, même chose pour un blog.

Iriez-vous jusqu'à dire que le blog est l'avenir du journalisme ?

Il faut dire aussi qu'un certain type de presse n'est plus en prise avec les événements, peut-être à cause d'une logique de bureaucratisation. Mediapart s'est fait connaître pour de véritables enquêtes, qui le placent sur un autre terrain que ses concurrents papier. Mais la nostalgie du papier continue de hanter des gens qui ne se débrouillent pourtant pas mal du tout sur Internet : Bakchich et Rue 89 ont essayé de faire de la presse imprimée, et ça n'a pas marché. Ils n'ont pas compris qu'il n'est pas utile de compléter ce qu'ils font sur la toile par de la presse imprimée. Vendredi a essayé de reprendre le *best of the net* et ça n'a pas marché non plus. Bientôt les gens liront les nouvelles sur leur tablette tactile, les journaux imprimés vont vite tomber en désuétude – ils n'ont pas la même fonction que les livres, qui résisteront un peu plus longtemps. Dieu sait si j'ai été un adepte, voire un adulateur des livres, mais je ne mettrais pas ma tête à couper que les livres survivront de beaucoup à la presse écrite. À moins bien sûr que les décroissantistes n'aient raison quant à l'avenir qui nous attend ! Ou que « Big Brother » ne l'emporte et qu'il faille, comme dans *Fahrenheit 451*, que chacun d'entre nous apprenne un livre par cœur ! J'aimerais bien alors « être » *Moby Dick*, mais ce serait beaucoup de boulot, et je me contenterais plus modestement d'être *Le Bateau ivre* !

Bibliographie

• Richard Dawkins, *The Selfish Gene*, Oxford, Oxford University Press, 1976.
• John Kenneth Galbraith, *The Great Crash, 1929*, Boston, Houghton Mifflin, 1954.
• Paul Jorion
– *La Crise du capitalisme américain*, Bellecombe-en-Bauges, Éditions du Croquant, 2009 [1re éd. *Vers la crise du capitalisme américain ?*, Paris, La Découverte, 2007].
– *L'Argent, mode d'emploi*, Paris, Fayard, 2009.
– *Le Prix*, Bellecombe-en-Bauges, Éditions du Croquant, 2010.
– *Le Capitalisme à l'agonie*, Paris, Fayard, 2011.
– *Comment on devient l'« anthropologue de la crise »*, Paris, Climats, 2011 (à paraître).
• Dan Sperber, *La Contagion des idées*, Paris, Odile Jacob, 1996.

Notes

1 - P. Jorion, *Comment on devient l'« anthropologue de la crise »*, Paris, Climats, 2011.

2 - Dans P. Jorion, *L'Argent, mode d'emploi,* Paris, Fayard, 2009.

3 - Dans P. Jorion, *Le Prix,* Bellecombe-en-Bauges, Éditions du Croquant, 2010.

4 - Cf. P. Jorion, *Le Capitalisme à l'agonie,* Paris, Fayard, 2011.

5 - P. Virilio, *Cybermonde, la politique du pire*, conversation avec Philippe Petit, Paris, Textuel, 2010 [1996].

6 - Cf. P. Jorion, *La Crise du capitalisme américain*, Bellecombe-en-Bauges, Éditions du Croquant, 2009.

7 - *L'Argent, mode d'emploi*, *op. cit.*

Dans la même collection

- **L'Administration de la peur** *Paul Virilio (2010)*
- **Après Levi-Strauss** *Alban Bensa (2010)*
- **Face à la crise : l'urgence écologiste** *Alain Lipietz (2009)*
- **Que peut l'éthique ? Faire face à l'homme qui vient** *Monique Canto-Sperber (2008)*
- **Racisme : la responsabilité des élites** *Gérard Noiriel (2007)*
- **Face aux migrants : état de droit ou état de siège ?** *Danièle Lochak (2007)*
- **Extrêmes gauches : la tentation de la réforme** *Christophe Bourseiller (2006)*
- **La Société de déception** *Gilles Lipovetsky (2006)*
- **À quoi sert l'histoire de l'art ?** *Roland Recht (2006)*
- **Modèle social : la chimère française** *Alain Renaut (2006)*
- **Le Grand Méchant Loup pharmaceutique** *Philippe Urfalino (2005)*
- **Profession artiste : extension du domaine de la création** *Pierre-Michel Menger (2005)*
- **L'Artiste et le Politique** *Olivier Mongin (2004)*
- **Face à l'islam** *Abdelwahab Meddeb (2004)*
- **L'Ultime Honneur des intellectuels** *François Laruelle (2003)*
- **Réponses juives aux défis d'aujourd'hui** *Gilles Bernheim (2003)*
- **Quel renouveau socialiste ?** *Jacques Généreux (2003)*
- **Nos amours de la France : République, identités, régions** *Danièle Sallenave, Périco Légasse (2002)*
- **Sauver les lettres** *Collectif, postface de Danièle Sallenave (2001)*
- **Le Consentement fatal : l'Europe face aux États-Unis** *Pierre-Marie Gallois (2001)*
- **La Misère hors la loi** *Paul Bouchet (2000)*
- **La Fabrique du sexe** *Pierre Babin (1999)*
- **Éloge de la résistance à l'air du temps** *Daniel Bensaïd (1999)*
- **Pourquoi changer l'école ?** *François Dubet (1999, rééd. 2001)*
- **Que vive l'école républicaine !** *Charles Coutel (1999)*
- **Planète sous contrôle** *Dominique Bourg (1998)*
- **Économie : le grand satan ?** *Pierre-Noël Giraud (1998)*
- **Contre la dépression nationale** *Julia Kristeva (1998)*
- **La Hantise du passé** *Henry Rousso (1998)*
- **À quoi sert la littérature ?** *Danièle Sallenave (1997)*
- **Malaise dans la mondialisation** *Zaki Laïdi (1997, rééd. 2001)*
- **L'Avenir du progrès** *Dominique Lecourt (1997)*